# La Masonería: Aspectos Generales

RICARDO ENRIQUE SANDOVAL BARROS

Maestro Masón

Gran Logia Omega de Nueva York

# DEDICATORIA

Quiero dedicar esta obra a mi amada esposa Amelia Escobar, quien por 40 años me ha acompañado en este bello recorrido matrimonial.

A mis queridos hijos: Ricardo, Vanessa y Mauricio, quienes me han brindado grandes alegrías y les deseo muchas bienaventuranzas.

A mis queridas nueras Diana y Andrea, que han acrecentado nuestra familia y han llenado de amor a mis hijos.

A mi yerno Jesús, un nuevo hijo que nos regaló el señor y con quien comparto intereses intelectuales.

A mis amadas nietas Gabriela, Luciana y Sofía las nuevas generaciones, que representan esos lazos familiares que son la razón de mi existencia.

# LA MASONERÍA: ASPECTOS GENERALES

Primera Edición Mayo 2024

Editorial LUGA BUKS LLC

Corrección de estilo FARIDE RAPALINO VARGAS

Gran Logia Omega de Nueva York.

Respetable Logia Templarios de Oriente No. 25

# CONTENIDO


Agradecimientos    i

0   Introducción    1

1   Primera sección    3

2   Un cuento masónico    4

3   Las nuevas realidades de los ambientes de aprendizaje    6

4   Enseñanzas masónicas escondidas en los Picapiedras    10

5   Segunda sección    14

6   El amor desde una perspectiva masónica    15

7   Los deberes de un masón    18

8   El primero entre los iguales    20

9   Discurso de un venerable maestro instalado    23

10   Tercera sección    25

11   Historia y generalidades de la masonería    26

12   La crisis de la masonería    30

13   Cuarta sección    33

14   Virtudes que deberían orientar a un masón    34

15   Ética masónica un faro para estos tiempos    38

16   Axiología masónica más allá de los valores    43

17   Los cargos y responsabilidades en la Logia    45

18   Quinta sección    50

19   Simbología del mobiliario masónico    51

20   El ara del mundo profano a la masonería    53

21  El mandil prenda que distingue al masón   55

22  La logia significado y tipología.   56

23  El sentido de los grados en masonería   58

24  El templo del rey Salomón   60

25  La mirada que mirada   68

26  Sexta sección   71

27  Hipótesis en torno a los orígenes de la masonería   72

28  Las dos espadas incidencia en la masonería   78

29  Simbología de la espada en masonería   81

30  La mundialización, los conflictos internacionales, sus impactos profanos y masónicos   84

31  El Gran Arquitecto en la Teoría del Universo Simulado   89

32  Conclusión   92

33  Referencias   93

# AGRADECIMIENTOS

Expreso mis agradecimientos a mis queridos hermanos, miembros de mi logia por impulsarme a consolidar esta obra, a mis Ricardo y Mauricio que hicieron revisiones del texto para adaptarlo al formato libro. A Faride Rapalino por su revisión de estilo. Gracias a todos ellos.

# INTRODUCCIÓN

Los trabajos sobre temas masónicos comprenden variadas temáticas distribuidas en seis secciones: La primera inicia con un cuento masónico relato que muestra los peligros que sortean los masones en defensa de sus creencias, continua con las perspectivas de un educador masón, sobre el renacimiento de los ambientes y escenarios de aprendizaje frente a las nuevas realidades derivadas del periodo postpandemia. También se explican las enseñanzas masónicas en los Picapiedra, serie televisiva centrada en Pedro Picapiedra y Pablo Mármol un par de amigos que reflejan la clase media de la sociedad estadounidense. En la segunda se analiza el amor desde una perspectiva masónica, se presentan algunas generalidades relacionadas con el amor. Se reflexiona sobre los deberes de un masón, que surgen en la práctica conforme a sus usos y costumbres. Otro tema es el primero entre los iguales que consiste en una revisión de las aplicaciones del término y su uso en la masonería.

La tercera aborda la Historia y crisis de la masonería, muestra como la masonería evolucionó a través de los tiempos pasando de operativa, formada inicialmente por constructores cristianos de la Edad Media, a la masonería especulativa que acoge personas de diversas clases sociales. La crisis de la masonería actual se relaciona con su débil membresía, esto preocupa debido a que las logias en distintos países han experimentado una considerable disminución en el número de miembros, en los últimos tiempos. La cuarta aborda tres grandes temas las virtudes, ética y axiología, en este escrito se indica como las virtudes comprenden el conjunto de rasgos que posee y práctica una persona. Que en la Ética las actuaciones de las personas tienen una dimensión moral, que articula la postura individual con la de la sociedad en que vive. Que la Axiología comprende el estudio de la naturaleza de los valores y lo relacionado con los juicios valorativos que se emiten sobre determinadas actuaciones.

La quinta en esta sección se abordan varios trabajos relacionados con la simbología, los usos, signos y toques, con el ara, la vestimenta, el mandil, la escala de grados y el decorado del templo entre otros aspectos. La sexta se retoma el tema de los orígenes de la masonería, se explica la teoría de las dos espadas, la existencia de dos espadas, una la tiene el Pontífice esta es la espiritual y la temporal corresponde a quien gobierna un territorio. También se explican los diferentes tipos de espadas y la gran importancia de estas en la historia. Además de su uso como arma, la espada ha sido objeto de consideraciones especiales formando parte de rituales funerarios y de varias tradiciones propias de la masónica.

# PRIMERA SECCIÓN

Inicia con un cuento masónico, relato que muestra los peligros que deben sortear los masones en defensa de sus creencias, continua con las perspectivas de un educador masón, sobre el renacimiento de los ambientes y escenarios de aprendizaje frente a las nuevas realidades derivadas del periodo postpandemia.

También se explican las enseñanzas masónicas presentes en los Picapiedra, serie centrada en Pedro Picapiedra y Pablo Mármol un par de amigos que reflejan la clase media de la sociedad estadounidense.

# UN CUENTO MASÓNICO

Cuenta la tradición oral que sucedieron una serie de hechos en el pequeño pueblo de Cusir los cuales a continuación relataremos, el pueblo de Cusir quedaba a 50 minutos de la importante ciudad de Tiro, un señor llamado Enrique Barros el cual era un masón que había visto la verdadera luz en la Gran Logia de Tiro. Sin embargo, Enrique tenía un tremendo problema no había hermanos de la orden en el pueblo donde vivía, por lo que decidió con autorización de la Gran Logia de Tiro, hacer el reclutamiento de nuevos miembros.

El proceso de reclutamiento de los futuros hermanos fue exitoso y logro interesar a connotados personajes del pueblo, que se caracterizaban por ser hombres libres y de buenas costumbres, los cuales, además tenían en común una visión muy vanguardista para su tiempo, en ese sentido comenzó a realizar una serie de reuniones clandestinas a medianoche en la finca de su propiedad que estaba ubicada en las afueras de Cusir y cerca al rio Anhydro.

En ellas participaban el boticario Beto Vélez, el poeta Román Pacheco, el jefe del partido comunitarista Policarpo Salvatierra, el filósofo Sófocles Zurita, el musico Alfredo Villa, el profesor Luis Uruchurtu, el coronel Antonio Boyer de origen francés, el exiliado español Diego Morillo y el hacendado Enrique Barros, en esas interesantes tertulias hablaban de lo divino, mundano y profano, alternados con las naturales discrepancias entre los asistentes.

El cura Benito Revollo hombre conservador y adalid de la moral del pueblo, se enteró por los peones de la finca el Porvenir propiedad del escritor Enrique Barros, que todos los martes a la medianoche iban unos personajes raros y gentes del pueblo, a la finca a hablar paja, criticar lo que hace el cura y la manera como gobierna el alcalde de Cusir.

El padre Revollo, para tener más datos de las tales reuniones, comisiono a su espía número uno, el sacristán Salustiano Tapias que además, era el que estaba a cargo del cementerio y la funeraria Caritas negocio familiar heredado de sus abuelos, Salustiano además, detestaba a estos personajes porque nunca lo habían dejado ser parte de su círculo social, por lo que era el aliado ideal para el cura.

Salustiano Tapias era el amante de Casilda Cassiani una mujer fornida y de hermosas carnes, que además, era el ama de llaves del exiliado español Diego Morillo, el cual tenía la mala costumbre de hablar por teléfono en voz alta, por lo que Casilda, estaba enterada de todo lo que acontecía en la casa, en los encuentros secretos de Salustiano y Casilda, el sacristán se fue enterando de lo que pasaba en la finca El Porvenir.

Como consecuencia de esta labor de espionaje el sacristán Salustiano, pudo informar detalladamente al padre Benito Revollo, sobre lo que acontecía en las reuniones secretas que se hacían en la finca del hacendado Enrique Barros, se enteró además, que estaban programadas una visitas de unos señores importantes de la capital, que venían a hacer unas ceremonias y pretendían abrir lo que el sacerdote considera era un grupúsculo masónico en el pueblo.

Frente al relato de estos sucesos el cura Revollo se guardó de hacer algún gesto, mientras escuchaba a Salustiano, lo que hizo fue despacharlo rápidamente indicándole que continuara recabando más información, posteriormente y ya avanzada la hora, se dirigió apresuradamente a la casa del alcalde que era a su vez el jefe del partido azul.

Cuando arribo el cura, el alcalde Pastor Cáceres estaba en el despacho de su casa hablando con el senador Bolívar, fue interrumpido por su esposa doña Clotilde Parada de Cáceres Barrios como se hacía llamar esta dama, quien le comunico que al padre Benito Revollo le urgía hablar con él, pasado unos largos minutos salió el alcalde Cáceres y saludo afablemente al cura, en ese breve momento estaban reunidos como dos espadas filosas el poder político con el religioso.

Para interesar al alcalde Pastor Cáceres el padre inicio hablando sobre la necesidad de hacer una arreglos al templo y le consulto sobre si podía contar con el apoyo de la alcaldía para estos menesteres, el alcalde Cáceres algo impaciente con el cura Revollo, le manifestó que si había otro tema de interés, pues, debía continuar su reunión con el senador Santos Bolívar, quien le estaba informando sobre la reforma política que el partido verde esperanza iba a proponer dado que contaba con amplias mayorías en el congreso.

El padre Revollo le dijo que contara con el apoyo desde lo nacional por parte del cardenal Hiram López primado del país para neutralizar cualquier reforma que pudiera ser nefasta. Sin embargo, indico seriamente que había un asunto de suma importancia, que se debía tratar, le informo el cura Revollo que había obtenido información fidedigna de sus fieles, acerca de una serie de reuniones clandestinas que estaban haciendo los ateos y liberales de la comarca, las cuales podían alterar el orden público y afectar las buenas costumbres del pueblo, el alcalde Cáceres le pidió más detalles, el cura Revollo dijo: "hay unos revoltosos que quieren constituir un grupo masónico en el pueblo..."

Es más vendrá una comisión a apoyarlos desde Tiro la capital concluyó. Hay que tomar cartas en el asunto indico el alcalde Cáceres entonces preocupado preguntó: ¿Cuándo será la próxima reunión de estos señores? a lo que el cura Revollo respondió: "es el próximo sábado a medianoche, pues, les gusta la oscuridad, hay que sorprenderlos, ellos, tienen siempre un guardia".

Después de varias horas de reunión en donde llegó apresuradamente el jefe de Policía Agapito Blanco, se dejó listo el operativo para capturar a los masones y sus seguidores, se pidieron refuerzos a Tiro, sin saber que el jefe de Policía de esa ciudad era miembro de la orden masónica, por ello gracias a los buenos oficios del jefe de Policía de Tiro se evitó que la situación llegara a mayores.

Debido a la delicada situación, se tuvo que hacer un cambio de planes, los futuros miembros y fundadores de la nueva logia Fraternidad de Cusir, realizaron todos sus ceremoniales y levantamientos de columnas en el gran templo de  la ciudad de Tiro, dejando con los crespos hechos al alcalde Cáceres, al jefe de Policía Agapito Blanco y al padre Revollo, fueron tan precavidos los nuevos masones que siendo Cusir un pueblo pequeño llegó a tener tres logias, bien organizadas con columnas fuertes las cuales trabajaron a cubierto en las narices del cura Revollo.

# LAS NUEVAS REALIDADES DE LOS AMBIENTES DE APRENDIZAJE

Inicia Figurativamente se podría hacer referencia a la recuperación o renovatio de algo, que perfectamente podrían ser los ambientes de aprendizaje. Ahora ambientes y escenarios de aprendizaje no necesariamente significan lo mismo desde una perspectiva educativa, En cuanto a Ambientes de aprendizaje se encuentra que: Herrera (2006) afirma que "un ambiente de aprendizaje es un entorno físico y psicológico de interactividad regulada en donde confluyen personas con propósitos educativos" (p. 2), lo que evidencia la necesidad de contar con un ambiente educativo que promueva el aprendizaje y, por ende, el desarrollo integral de los niños. Jaramillo (2007) refuerza esta idea al considerar que el ambiente del salón de clase es esencial en el favorecimiento del desarrollo físico, social y cognitivo de los niños.

Jaramillo destaca a su vez la importancia del desarrollo integral de las personas inmersas en el proceso educativo, el cual busca "promover su integración social crítica" (Read, 1948; Sacristán, 1996, citados en Romo, 2012, p. 142). Es decir, el ambiente es concebido como los aspectos "físicos, sociales y humanos que configuran el espacio-tiempo ... en que [el] ser humano vivencia experiencias diversas que le permiten con más o menos facilidad generar aprendizajes que favorecen su desarrollo integral" (Romo, 2012, p. 143).

Mientras que escenarios de aprendizaje hace referencia a lugar como se puede constatar en las siguientes definiciones:  Según Wilson, un ambiente de aprendizaje es un "lugar" o un "espacio" en donde ocurre el aprendizaje. Un ambiente de aprendizaje es un medio físico y teórico que está estructurado y diseñado de manera específica para adaptarse a las necesidades de aprendizaje y a las diferentes características de los educandos. En ese sentido un escenario puede ser un aula física o virtual, un escenario deportivo, un taller o un laboratorio entre otros aspectos.

Un ambiente de aprendizaje se debe concebir como un espacio en el cual se dan distintas interacciones entre los sujetos, es decir, alumnos, profesores y directivos docentes, unido a todos los componentes que tiene un sistema de aprendizaje activo, por estas razones los ambientes de aprendizaje son considerados como espacios activos en el cual se entremezclan

los seres humanos, junto con las acciones pedagógicas de los diversos actores que intervienen en la educación y un conjunto de saberes que son mediadores en la interacción de factores biológicos, físicos y psicosociales en un espacio que puede ser físico o virtual (Fernández, 2015).

Hecha estas distinciones y para responder a posturas pesimistas que consideran, que la educación esta moribunda, hablar del resurgimiento de los ambientes y escenarios de aprendizaje frente a las nuevas realidades, es necesario pues son tiempos para brindar esperanza y mostrar interesantes perspectivas, pues la pandemia ha impactado la educación, ha incidido en la enseñanza y el aprendizaje, ha variado la manera de enseñar, pero ha renovado la educación.

El termino nuevas realidades que ha cogido fuera debido a la pandemia Covid-19, no es nuevo en el año 1999 Edison Otero elaboró un escrito en donde hablaba de nuevas realidades nuevos conceptos, decía que. "Es un hecho que en la historia de la filosofía aparecen periódicamente puntos de vista que declaran obsoleto todo el pensamiento anterior y proponen un nuevo punto de partida". En la educación se tenían una serie de prácticas y teorías pedagógicas que funcionaban muy bien en el periodo prepandemia, pero que hicieron crisis frente a la nueva realidad de la pandemia, ahora esta no es la primera crisis o pandemia que ha enfrentado la humanidad.

La educación requirió entonces un resurgimiento que implicaba el rediseño de los ambientes y escenarios de aprendizaje, para enfrentar las nuevas realidades y seguir siendo eficaz en esta etapa, a continuación, se mostrará cuales fueron esos cambios. En el informe sobre: "El impacto del COVID-19 en la educación – Información del Panorama de la Educación". (Education at a Glance, 2020). Se indica que:

"…Quienes provienen de entornos privilegiados pudieron tener acceso, más allá de las puertas cerradas de las escuelas, a oportunidades alternativas de aprendizaje, con el apoyo de sus padres y con deseos y capacidad para aprender. Quienes pertenecen a entornos desfavorecidos a menudo se quedaron fuera al cerrar las escuelas. Esta crisis puso de manifiesto las múltiples deficiencias y desigualdad de nuestros sistemas educativos: desde la banda ancha y las computadoras requeridas para la educación en línea, a los entornos solidarios necesarios para centrarse en el aprendizaje, hasta la escasa coincidencia entre recursos y necesidades.

Las medidas de confinamiento adoptadas como respuesta al COVID-19 interrumpieron la enseñanza convencional con el cierre a nivel nacional de las escuelas en la mayoría de los países miembros y asociados de la OCDE, que se prolongó por lo menos 10 semanas en la mayoría de ellos. Si bien la comunidad educativa emprendió iniciativas importantes para mantener la continuidad del aprendizaje durante este periodo, los niños y los estudiantes tuvieron que depender más de sus propios recursos para seguir aprendiendo a distancia a través de Internet, la televisión o la radio.

Los docentes también tuvieron que adaptarse a los nuevos conceptos pedagógicos y modos de impartir la enseñanza, para los cuales no recibieron capacitación. En particular, los aprendices de los grupos más marginados, que no tienen acceso a recursos de aprendizaje digital o que carecen de la resiliencia y la colaboración para aprender por su cuenta, corrieron el riesgo de quedar rezagados. La pandemia del COVID-19 también afectó seriamente a la educación superior, pues las universidades cerraron sus instalaciones y los países cerraron sus fronteras para responder a las medidas de confinamiento." Education at a Glance, p.1. 2020).

Se puede colegir del escrito anterior que, en el año 2020, se produjeron documentos como el de Education at a Glance, que mostraba las dificultades, desigualdades y problemas derivados de la pandemia COVID 19, indicando como afectaba la educación en aspectos como la presencialidad, el acceso a medios virtuales de aprendizaje, las desigualdades entre estudiantes ricos y pobres.

Pero, también mostraba cuestiones positivas como las experiencias de clases remotas, de clases sincrónicas y asincrónicas, mecanismos de alternancia, clases espejos, encuentros virtuales entre estudiantes y docentes de diversos países, capacitaciones a docentes y estudiantes en informática, la realización de congresos educativos y los resultados de investigaciones sobre educación para afrontar las nuevas realidades.

Es importante indicar que, a lo largo de esta crisis, los sistemas educativos tienen cada vez más en cuenta las experiencias, los datos y los análisis sobre política internacional, al desarrollar sus respuestas de política. La publicación Panorama de la educación (Education at a Glance) de la OCDE ha contribuido en gran medida a estos esfuerzos al desarrollar y examinar indicadores cuantitativos, comparables a nivel internacional, que son pertinentes en particular para comprender el entorno en el cual se ha desarrollado la crisis sanitaria.

Pues brindan información sobre la dimensión educativa de las consecuencias económicas de la crisis, pero también sobre la dinámica de reconciliar la salud pública con el mantenimiento de la oferta educativa. (Education at a Glance, 2020). Es decir, que muestran los aspectos positivos y negativos que sirven de orientación para enfrentar de manera eficaz estas nuevas realidades.

La educación se encuentra en un interesante proceso de resurgimiento, está renovando la manera de relacionarse entre educandos y educadores, la comunidad educativa a futuro combinara la presencialidad con la virtualidad, integrará la alternancia, le brinda una magnífica oportunidad para que los padres reasuman el papel de ser la primera escuela de sus hijos, fortalecerá la escuela de padres y la formación de docentes, esto solo funcionará a través de la solidaridad, la resiliencia y el amor hacia el prójimo, las nuevas realidades educativas solo se pueden afrontar en grupos y en comunidad.

Las nuevas dinámicas educativas tienen un impacto en la pedagogía masónica, la formación de los miembros de la orden, su autoformación y los resultados de sus propias búsquedas, los lideres masónicos deberán reinventarse, ser vanguardistas, para afrontar estos escenarios mundiales cambiantes, complejos y dinámicos, es necesario reorientar la instrucción masónica, se requiere de formadores de formadores masónicos, aprender a aprender y aprender a formar para la vida.

# ENSEÑANZAS MASÓNICAS ESCONDIDAS EN LOS PICAPIEDRAS

Inicia William Hanna nació el 14 de julio de 1910 y falleció el 22 de marzo de 2001, fue un animador, actor de voz, dibujante, músico y maestro masón estadounidense. En 1937, mientras trabajaba en Metro Goldwyn Mayer, Hanna conoció a Joseph Barbera. Los dos hombres comenzaron una colaboración que al principio fue mejor conocida por producir a Tom y Jerry. En 1957, cofundaron Hanna-Barbera, que se convirtió en el estudio de animación televisiva más exitoso del sector, creando y produciendo programas como The Flintstones, The Huckleberry Hound Show, The Jetsons, Scooby-Doo, Los pitufos y el oso Yogui.

Joseph Roland Barbera nació el 24 de marzo de 1911 en Little Italy, Manhattan, Nueva York, Estados Unidos. Falleció el 18 de diciembre de 2006 (95 años). Fue un animador, director, productor, dibujante de guiones gráficos y dibujante de dibujos animados y maestro masón estadounidense, quien cofundó el estudio de animación y la compañía de producción Hanna-Barbera. (Orozco, G. 1994).

Sus programas de dibujos animados se han convertido en íconos culturales y sus personajes de dibujos animados han aparecido en otros medios como películas, libros y juguetes. Las producciones de Hanna-Barbera tuvieron una audiencia mundial de más de 300 millones de personas en la década de 1960 y se han traducido a más de 28 idiomas. En la serie los Picapiedra reflejaron su trasegar masónico.

Los Picapiedra (en inglés, The Flintstones) es una serie de animación de Hanna-Barbera Productions. Fue estrenada por la cadena estadounidense ABC el 30 de septiembre de 1960 que se emitió hasta el 1 de abril de 1966, con un total de 166 episodios, además de algunos especiales y películas. Los Picapiedra fue una de las series animadas más exitosas de la historia de la televisión. (Orozco, G. 1994).

La serie está centrada en Pedro Picapiedra y Pablo Mármol (Fred Flintstone y Barney Rubble en inglés), un par de hombres que reflejaban la clase media de la sociedad estadounidense, que muestra el espíritu democrático de la masonería de Estados Unidos pues los Búfalos Mojados está integrada por hombres trabajadores.

En los Picapiedra se muestra la vida cotidiana con salidas al campo, barbacoas en el jardín y partidas de bolos, el rol de sus esposas es de amas de casa. Betty y Vilma, cuestionan las ideas locas de Pedro, las cuales se ejecutaban con la complicidad de Pablo, estas locuras generalmente derivaban en malas experiencias que dejaban una enseñanza. Los personajes principales de la serie estaban conformados por las familias Picapiedra y Mármol.

Los Picapiedra formada por Pedro Picapiedra, Vilma Picapiedra y los Mármol integrada por Pablo Mármol y Betty Mármol. En episodios posteriores se agregaron dos personajes más: los bebés Pebbles Picapiedra y Bam Bam Mármol, además de la mascota Dino. Otros personajes recurrentes son el patrón de Pedro, dueño de la cantera, el Señor Rajuela, Arnoldo el repartidor de periódicos, la señora Traka que era la mamá de Vilma y el marciano Gazú.

Pedro Picapiedra es una persona ruda, segura de sí misma y poco reflexiva. Se caracteriza por cometer constantemente errores de los cuales aprende, el error es su fuente de aprendizaje y maduración. Tiene la tendencia a hacer todo lo posible para no enfrentar sus problemas, lo que en muchas ocasiones le genera nuevos problemas. (Orozco, G. 1994).

Sin embargo, posee habilidades que le permiten realizar cualquier labor. Esta en una lucha constante y en un permanente proceso de pulir su piedra bruta. Su aspiración es ser un mejor ser humano, superando sus defectos y potenciando sus virtudes. Pedro podría simbolizar a un aprendiz, compañero o maestro novato en proceso de formación.

Vilma Picapiedra es la esposa de Pedro Picapiedra y madre de Pebbles Picapiedra. Pasa todo el día realizando las labores propias del hogar, atendiendo a la hija y hablando con su vecina Betty. Tiene el rol de un ama de casa tradicional propia del imaginario de la época, pues, es la década de los 60 del siglo pasado.

Betty es la esposa de Pablo Mármol hermano masón y amigo de Pedro

Picapiedra. Representa la figura de la cuñada. Sin embargo, participa poco de las actividades masónicas, al parecer en esa época predominaban reuniones de hombres tanto en lo ceremonial como lo social, aunque las cuñadas se conocen más como vecinas y amigas.

Pebbles Picapiedra (Pebbles Picapiedra-Mármol de adulta), hija de Pedro y Vilma, es pelirroja y usa su característico moño, nació cerca del final de la tercera temporada. Pasa la mayor parte de su tiempo con Bam Bam Mármol, Pebbles y Bam-Bam son los mejores amigos en la niñez, posteriormente se convierten en novios durante la adolescencia, con paso del tiempo se casaron y tuvieron sus propios hijos como adultos. Representaría a la sobrina, en la serie no se observan actividades masónicas familiares.

Pablo Mármol es una persona tranquila, algo inseguro, que tiene como virtud ser muy reflexivo. Sin embargo, siempre se deja arrastrar por la impetuosa personalidad y las locuras de su amigo Pedro Picapiedra. Quien cariñosamente y con cierta frecuencia le llama "enano" en lugar de su nombre, debido a su baja estatura. Pedro siente un gran aprecio por Pablo y le demuestra una auténtica amistad. Pablo es más inteligente y sensato que Pedro, también él y Betty parecen llevarse mejor que Pedro y Vilma. (Orozco, G. 1994).

Pablo es quien sugiere decir la verdad y solucionar determinada situación, cuando ambos se meten en algún problema, termina siguiendo los fantasiosos planes que traza Pedro. Pero, es una especie de conciencia que alerta a Pedro cuando algo se considera incorrecto. Podría decirse que ambos son amigos y masones, que tienen formas de pensar distintas pero, se "complementan ", como hermanos. Muestra lo desiguales que son los seres humanos y los diferentes caracteres que conviven al interior de una logia. Pablo se relaciona con un maestro masón prudente y reflexivo.

Los Picapiedra viven en una ciudad prehistórica ficticia Bedrock, Piedradura en español. Es un mundo donde los dinosaurios coexisten con los cavernícolas y disfrutan de las versiones primitivas de las comodidades modernas. La ciudad de Piedradura, muestra un mundo en donde los dinosaurios y dientes de sable coexisten con los humanos, Los Picapiedra disfrutan de todas las invenciones modernas existentes en la década de los sesenta del siglo pasado.

Por ejemplo los teléfonos (cuernófonos), automóviles (troncomóviles) y lavadoras automáticas. Con la diferencia de que en muchas de ellas se utilizan animales en lugar de circuitos electrónicos. En esta ciudad está la sede de los Búfalos Mojados, una especie de club en donde se congregan a semejanza de los masones. (Orozco, G. 1994). Entre las actividades desarrolladas por los búfalos mojados, se encuentran eventos sociales, sesiones de Gran Logia, participación social de las cuñadas, en varias escenas de la serie aparece Pedro Picapiedra Pablo Mármol con los arreos propios de un maestro masón en la sede de los búfalos mojados, en otros capítulos aparece Pedro fungiendo como venerable maestro, dirigiendo sesiones de gran logia con sombreros y arreos propios de la masonería.

# SEGUNDA SECCIÓN

En este apartado se analiza el amor desde una perspectiva masónica, se presentan algunas generalidades relacionadas con el amor. Se reflexiona sobre los deberes de un masón, que surgen en la práctica conforme a sus usos y costumbres. Otro tema es el primero entre los iguales que consiste en una revisión de las aplicaciones del término y su uso en la masonería.

# EL AMOR DESDE UNA PERSPECTIVA MASÓNICA

El trabajo está estructurado de la siguiente manera, presenta algunas generalidades sobre el amor, que se complementa con algunas definiciones. También muestra puntos de encuentro entre la masonería y el amor, analiza las relaciones entre el amor y sexualidad, hace una breve una taxonomía, para finalmente hacer una muestra del amor desde una perspectiva masónica.

El amor es un sentimiento abstracto y universal que experimentan todas las personas de diversas maneras, este puede ser interpretado de diferentes maneras según el contexto y la relación sentimental a la que se haga referencia. En la Antigüedad los griegos se dedicaron a buscar distintas maneras de entender y explicar qué es el amor y cómo lo vive el ser humano. Se podría afirmar que el amor consiste en desear lo bueno para el otro. González, I. (2013)

Es un sentimiento de vivo afecto e inclinación hacia una persona o cosa a la que se le desea todo lo bueno. Sentimiento de intensa atracción emocional y sexual hacia una persona con la que se desea compartir una vida en común. Sentimiento de afecto, inclinación y entrega a alguien o algo. Sentimiento intenso del ser humano que, partiendo de su propia insuficiencia, necesita y busca el encuentro y unión con otro ser.

En sus cartas a Henry Miller, Anaïs Nin define el amor: "Qué es el amor sino la aceptación del otro, lo que sea que el otro sea". (Nin, A. 1986). Mientras que para Antoine de Saint-Exupéry, autor de "El principito", escribió en el pasaje sobre el "Vuelo nocturno": "El amor no consiste en mirarse el uno al otro, sino en mirar hacia afuera en la misma dirección." (de Saint-Exupéry, A. 2001)

El amor es para el masón una virtud que se debe cultivar a largo de la vida. Para el masón el amor se sustenta en el ideal del bien común. Mediante el amor todo masón busca su perfeccionamiento propio y el de los demás hermanos, incluyendo también a los profanos. Como expresión del amor un masón debe además dar siempre reconocimiento a los que actúan bien, sin aprovecharse, ni engañarlos jamás. González, I. (2013)

El amor es un aspecto clave de la existencia humana, el amor fue considerado en la antigüedad un quinto elemento o quinta esencia, el amor va más allá de la sexualidad involucra sentimientos, lo que se siente, sexualidad no es lo mismo que genitalidad, la sexualidad esta atravesada por el amor mientras que la genitalidad por las necesidades naturales. La sexualidad es el conjunto de especificaciones que tipifican cada uno de los polos componentes de la especie humana, su culminación es el amor, que inicia la vida, la motiva y le da sentido a la misma. Por ello la vida no se entiende, se paraliza, se hace absurda sin amor, En la masonería el amor es lo que da sentido a la cadena de unión fraternal y al hecho de que los masones se traten como hermanos. González, I. (2013)

Según los griegos, el amor es el sentimiento responsable de muchas de nuestras acciones, decisiones y estados de ánimo. Por ello, propusieron en sus taxonomías cuatro tipos o clasificaciones de amor, con la finalidad de explicar este sentimiento tan complejo que todos los seres humanos han experimentado cuando se ama. Estos son: Eros, Storgé, Philia y Ágapé.

Eros representa el amor pasional y erótico, en la mitología griega, Eros es el dios que simboliza el amor romántico, la pasión e impulsividad. Eros constituye el primer paso para llegar a un amor más profundo y duradero si se sabe canalizar su intensidad. Este tipo de amor se caracteriza por experimentar la atracción física, sexual e instintiva. Se relaciona con el amor efímero, el que se genera al principio de la relación e idealiza el momento mezclando el deseo y atracción sexual. El amor de Eros al ser altamente impulsivo y carnal puede conllevar a las infidelidades. De ahí proviene el termino erótico. No guarda relación con el amor que deben profesarse entre hermanos masones.

Los griegos clasificaron como Storgé al amor fraternal, amistoso y comprometido. Es un amor que se crece a lo largo del tiempo y se relaciona con las relaciones familiares y de amistad, por ello se caracteriza por ser un amor leal e, incluso, protector. Storgé es un amor que implica tiempo, que las personas emplean para conocerse y, gran compromiso. A diferencia del amor Eros, este no es pasional ni impulsivo y se puede dar entre personas o personas y mascotas. Un ejemplo de este tipo de amor es el de una amistad que se ha ido construyendo poco a poco a través de los años y en la cual se destaca el compromiso y lealtad de los amigos o hermanos masones. También se puede mencionar las demostraciones de cariño entre familiares o hermanos masones. González, I. (2013)

Se denomina como Philia al amor que existe entre amigos, Es el amor al prójimo que busca el bien común. Es el amor que se expresa a través del respeto, solidaridad, cooperación y compañerismo. Se dice que es uno de los amores más bonitos que existe. Philia es un amor que se caracteriza por ser desinteresado, que se basa en el compañerismo que se alegra cuando el otro es feliz y está bien. No involucra un amor pasional ni atracción sexual.

Ejemplo de Philia son aquellas amistades de vieja data, que son constantes, leales y comprometidas con el otro, en las que se comparte más tiempo con los amigos. Sin que esto indique una manifestación distinta del amor que no sea el fraternal. Este tipo de amor podría ser el más propicio entre los masones, pues hay una relación filial, que se manifiesta en el hecho de llamarse entre sí queridos hermanos.

Los griegos consideraron que Ágape es el amor más puro e incondicional que existe, pues, es un amor que se nutre con el otro, que es generoso, que es consciente de sus deberes hacia los demás, un amor espiritual y profundo cuya prioridad es el bienestar del ser amado.

El amor Ágape se caracteriza por ser universal, es decir, es el amor que se expresa a una deidad, persona, animal o naturaleza; un amor que no es pasional, quienes aman de esta manera están dispuestos a apartarse de la relación por el bienestar del ser amado.

El amor Ágape no busca su placer propio, al contrario, encuentra satisfacción en dar amor. Por ello, es considerado como un amor sensible, tierno, cuidadoso y amable. El Ágape constituye el amor ideal que deberían profesarse los hermanos masones pues se nutre de lo espiritual y encuentra su satisfacción en brindar amor al prójimo. González, I. (2013)

A manera de conclusión el amor desde una perspectiva masónica requeriría: Un dato curioso es que la expresión griega Latreuo significa amor a los dioses. De ahí deriva la palabra liturgia utilizada en la masonería en plural para hablar de los distintos grados masónicos, guarda relación con el amor hacia la divinidad, que podría ser el GADU.

Tener el Eros del deseo que te haga querer ser parte de la orden y amarla. Estar alimentado por el Storge que te hace amistoso y amoroso con tus queridos hermanos. Estar poseído del Ágape para tratar con ternura a tus hermanos y sentirlos parte de tu familia, como un eslabón de la cadena fraternal.

Tener la Philia para fortalecer la amistad que no es otra cosa que el amor filial expresado entre hermanos atados a una invisible cadena fraternal. Los cuatro tipos de amores cohabitan entre nosotros y es lo que nos hacen hermanos. La hermandad bajo el signo del amor es lo que ha dado una larga existencia a la orden masónica.

# LOS DEBERES DE UN MASON

Inicia En este escrito se abordará desde de una perspectiva general y una masónica el tema del deber, en ese sentido cabe preguntarse: ¿Qué se entiende por deber? El termino deber proviene del latín debere o debitum, que hace referencia a deuda o débito. Un deber es un compromiso o expectativa de realizar alguna acción en general cuando estas se producen en determinadas circunstancias, los deberes han estado presentes históricamente de los diversos sistemas de moralidad que la humanidad ha desarrollado, los cuales desde la antigüedad en la cultura cristiana occidental se han relacionado, con una serie de ideas que destacan el honor y busca el perfeccionamiento personal. GLE. (2012).

Los deberes se centran en la alocución latina Pactum Sunt Servanda, que traduce las promesas se hacen para ser cumplidas, en el caso específico del masón un deber se interpreta como una obligación autoimpuesta que se centra en una promesa, que se renueva de manera constante en los distintos ritos y ceremoniales masónicos, que se regula mediante un juramento en donde el masón jura y promete sobre algo que se compromete a cumplir a lo largo de su existencia, es decir, durante el ejercicio de su vida masónica, en esencia es algo que se va a cumplir, pues, en ello está empeñada la palabra y el honor del masón.

La orden masónica, es una asociación universalmente extendida, que tiene un carácter iniciático y secreto, cuyos miembros forman una hermandad jerarquizada, organizada en logias, que tienen un carácter racionalista y ejercen la filantropía para bien de la humanidad. También, es un sistema moral basado en símbolos, toques, ritos, que funciona mediante mecanismos administrativos en donde cada masón ejerce un cargo y cumple una misión para bien de la orden. GLE. (2012).

El Masón conforme a su rol ejerce funciones administrativas las cuales conllevan deberes con la humanidad, la orden en general y su taller en particular, pues, presta un servicio a lo largo de su vida a la masonería y cobra en cada reunión simbólicamente su salario. El deber Masónico es resultado de una vocación inquebrantable que está presente en el corazón de todo masón y que insufla su espíritu mediante la práctica de la filantropía. Es necesario ir más allá de la visión tradicional de los deberes, aunque en las diversas liturgias y trabajos se expresan los deberes del masón, sin embargo, es importante entender su espíritu. Estos deberes se resumen en cuatro consideraciones básicas:

Asistir a los eventos y reuniones propias de la orden, la masonería se aprende asistiendo, compartiendo ideas y experiencias con los hermanos. Es decir, es un espacio para el aprendizaje.

Acatar la normatividad masónica y el orden jurídico del país, pues, los masones deben ser buenas personas, ciudadanos y hermanos.

Respetar el hermetismo iniciático, pues, es una orden secreta, dado que no todo lo que se oculta es malo y no todo lo que se muestra es bueno.

Pagar los derechos pecuniarios propios de su grado y contribuir al sostenimiento de la orden.

Es necesario preguntarse: ¿Por qué es importante que los maestros evalúen la conveniencia o inconveniencia para subir de grado?

Una posible respuesta, lleva a que en la práctica masónica, los maestros masones dirigidos por el venerable maestro, evalúan a los aspirantes a ingresar a la orden y a los que van a subir en los tres primeros grados del simbolismo. La evaluación que hacen los maestros masones en la Cámara de Maestros tiene como propósito determinar en qué medida se están cumpliendo las metas de calidad que se fijan conforme a los estándares propios para cada grado masónico. Estos estándares obedecen a criterios asociados a los aprendizajes que se espera logren los aprendices, compañeros y maestros en su paso por el respectivo grado. Ariza, F. (2007)

sobre los criterios para subir de grado existen en las diversas logias y conforme a sus ritos, unos criterios y procedimientos establecidos para subir de grado, estos son los más utilizados:

Ha cumplido con las normas masónicas y el orden jurídico del país.

Ha guardado el debido sigilo relacionado con el hermetismo iniciático.

Demostró mediante su estudio y sus actos que tiene el espíritu masónico.

Demostró mediante sus actuaciones que merece ser ascendido al siguiente grado de la escala masónica.

Solicitó mediante escrito fundamentado en argumentos sólidos que merece ser ascendido al siguiente grado de la escala masónica.

En cámara de maestros se apoyó de manera mayoritaria o unánime que el candidato merece ser ascendido al siguiente grado de la escala masónica.

El maestro masón que dirige los trabajos en el siguiente grado de la escala masónica aceptó recibirlo.

Las responsabilidades de los maestros que evalúan a candidatos a ascender de grado, comprenden las funciones de la evaluación de un maestro deben centrarse en lo diagnostico, formativo y sumativo. Función diagnostica consiste en evidenciar si el candidato a subir de grado cumple con los requisitos y méritos que demanda el grado a ascender. Ariza, F. (2007). Función formativa consiste en hacer los correctivos necesario frente a las falencias encontradas y proponer procesos de mejoramiento a los candidatos a ascender al siguiente grado. Función sumativa revisar el récord de asistencia, cumplimiento de compromisos y pagos, para evaluar su espíritu masónico y su sentido de pertenencia con la orden.

# EL PRIMERO ENTRE LOS IGUALES

El presente trabajo constituye un análisis de los usos y aplicaciones del término el primero entre los iguales, en este sentido se hace un recorrido que parte de sus usos iniciales hasta llegar al manejo actual, también muestra cómo se utiliza en la masonería este vocablo.

Esta expresión proviene de la terminología latina primus inter pares que significa en castellano el primero entre iguales, este indica que una persona, dentro de un grupo, tiene un cierto grado de poder sobre una comunidad, un cierto nivel de autoridad sobre un grupo, esta locución se utiliza en diferentes ámbitos de la vida cotidiana, social, política, cultural y masónica. Sin embargo, surge la pregunta ¿Por qué se utiliza? una posible respuesta podría ser, para hacer alusión a que es la persona más importante dentro de un grupo. (Primus inter pares, 2023).

En los primeros tiempos daba relevancia al gobernante, por ello en la antigua Grecia se encuentran los primeros usos de la expresión el primero entre los iguales, se utilizó para referirse al gobierno de los primus inter pares, que en la antigua Grecia estaba destinado a la basiléia, el cual significa realeza, autoridad, dominio, reino o gobierno. En épocas posteriores los primeros cristianos se valen de este término griego y lo utilizan en el nuevo testamento para hacer referencia al Reino de Dios. En la antigua Roma el vocablo estuvo en uso durante la República y el Imperio romano. También hacía referencia originalmente a la figura Octavio Augusto que se llamó a si mismo primus inter pares como jugada política para evitar llamarse directamente emperador en las primeras fases del Imperio romano, buscando aplacar a aquellos que habrían querido un retorno de la República romana.

Posteriormente en la Edad Media su uso se hace frecuente entre las tribus germánicas, que dejarían su impronta durante las primeras fases de la monarquía visigoda en la península ibérica donde el monarca era elegido de entre un grupo de nobles, que lo consideraba el primero entre los iguales, por lo que su poder era limitado. Diccionario de la Real Academia Española, (2023).

También hacía referencia al estatus de un caudillo o rey en relación con un estrato inferior de vasallos, nobles por lo general, que mantenían fuertes cuotas de poder, especialmente en el plano militar. Este estatus o forma de gobierno solía darse cuando el rey, por el motivo que fuere, este ostentaba más bien una autoridad. Así, en la Europa medieval, en el contexto del modelo económico feudal que se daba en muchos reinos durante la Edad Media, de acuerdo con este criterio el rey feudal gobierna en común acuerdo con la nobleza, como un primus inter pares que no impone su autoridad. Así el primero entre los iguales se entiende como una dignidad y su autoridad está limitada por otros que son sus pares, en este caso los nobles, algunos de los cuales eran más poderosos que el mismo monarca.

Su uso pasa a diversas esferas, el uso del término el primero entre los iguales, pasa a otras esferas, como la política. Entre los ejemplos más claros de empleo de esta expresión: la figura de primer ministro en muchos estados llamados democracias parlamentarias, se asume para la figura del primer ministro.

En España, es el presidente del gobierno, en un primer momento, que surge en el caso español cuando el ministro de Estado era la figura que coordinaba a los demás miembros del gabinete y sustituía a la figura del monarca. Esta preponderancia funcional terminó siendo orgánica y pasó a seleccionar directamente al resto de ministros.

También se da para otros casos como el de presidente de la Comisión Europea, la figura del presidente del Consejo Europeo desde 1974 a 2008 era la de un «presidente-primus inter pares»; o la del Chief Justice (presidente del tribunal supremo, La Corte Suprema o Tribunal Supremo, es la corte más importante del sistema judicial. Ésta escucha las apelaciones de las cortes inferiores al igual que casos de mucha importancia nacional.) de los Estados Unidos de América; actualmente el presidente de la Confederación Suiza es uno de los siete ministros que preside como primus inter pares. El cargo va rotando anualmente. Betancourt, C. (2021).

Igualmente pasa con las Religiones, algunas figuras religiosas tales como: la Iglesia católica, la primacía papal, o los primados o el decano del Colegio cardenalicio; los patriarcas de diversas iglesias cristianas como el Patriarca Ecuménico de la Iglesia ortodoxa, el arzobispo de Canterbury que es el líder espiritual de la Comunidad anglicana, el gran rabino de Jerusalén y el presidente del consejo de los 12 en los mormones entre otras figuras religiosas. Rodríguez, M. (2000) En el ámbito del derecho están los decanatos, o jueces decanos, en España, donde la persona titular es un primus inter pares que asume funciones de organización de los distintos juzgados.

En América Latina el presidente de un tribunal, en México, y de la Suprema Corte o Consejo de la Judicatura en Colombia los presidentes de las altas cortes como la Corte Suprema de Justicia, y el presidente del Congreso de la República. En el caso de la música el director de orquesta, en sus orígenes era un músico integrante de la formación, dotado de la función específica de concertar la ejecución, un primus inter pares. En general, esta función se asumía desde el puesto de primer violín de la orquesta

En la Masonería llega a utilizarse la expresión el primero entre los iguales, en diversos niveles y grados, en el más básico una logia, lo constituye la figura del venerable maestro, en una Gran Logia lo es el Gran Maestro, en los grados superiores de organizaciones masónicas o para-masónicas, está en quien dirige ese cuerpo colegiado. Fernández, I. (2005). Expresa el querido hermano Guillermo Ayala en su escrito el primero entre los iguales, que el Venerable Maestro es el emblema de sabiduría, gobierna y dirige la logia por voluntad de sus hermanos.

En la actualidad, el término comienza a usarse para indicar que una persona es el mayor o más importante dentro de un grupo de gente que comparte el mismo nivel y responsabilidad. El concepto suele ser utilizado también frecuentemente en su original latino: "Primus inter pares". Cuando no es utilizado en referencia a un título específico, puede indicar que la persona así descrita es técnicamente igual, pero mirada como superior autoridad y con importancia especial por sus pares.

En algunos casos puede también ser utilizado para indicar que mientras la persona descrita aparece como un igual, en realidad es el líder extraoficial o reservado de un grupo. Se usa también esta expresión cuando se hace, por ejemplo, un listado: siempre tiene que haber una primera persona, no necesariamente la más importante o de mayor estatus, solo denota un rango, un cierto nivel de autoridad o dignidad, que en el caso de la masonería se asume en una logia a través de la figura del Venerable Maestro que es el primero entre sus iguales, pues, tiene un don de mando y está al servicio de todos sus hermanos.

# EL DISCURSO DE UN VENERABLE MAESTRO INSTALADO

Hoy es un día de alborozo pues tenemos esta primera tenida presencial en la nueva realidad, hoy vemos una luz en el camino, tenemos una masonería pujante y una logia berraca que este sábado se hace presente. Un saludo muy especial a los queridos hermanos visitantes que hoy nos honran con su presencia, muchas gracias por estar aquí.

En las veintiún lecciones para el siglo 21 el pensador Yuval Noah Harari, hace un análisis de nuestro tiempo, tenemos un desafío tecnológico importante derivado de la pandemia, enfrentamos un futuro incierto, los problemas de la equidad, tenemos un mundo global y multicultural, las religiones se debaten entre el fanatismo y la tolerancia, la sobre-valoración del terrorismo, encontramos que sabemos mucho menos de lo que creemos ante el volumen de información, nos hallamos ante la desinformación y las falsas noticias, en donde solo nos queda la esperanza y la resiliencia frente a estas nuevas realidades.

En ese sentido los masones debemos ser la mirada que mira la mirada, es necesario ser vanguardistas, ir un paso delante de lo que nos muestra la cotidianidad, ver más allá, observar la realidad, tomar distancia de esta y no tragar entero.

Las redes sociales nos muestran lo bueno y malo de la humanidad, desinformación, fanatismo, agresividad y vidas superfluas que muestran un espejismo de la realidad, que dista de la realidad misma. Los masones debemos quitarnos la venda de los ojos para ver la verdadera luz, salir de la oscura caverna platónica, para entender la realidad como buscadores de la palabra y poder comprender las complejas sociedades actuales.

# TERCERA SECCIÓN

En esta sección se aborda la Historia y crisis de la masonería, muestra como esta avanza a través de los tiempos pasando de operativa, formada inicialmente por constructores cristianos de la Edad Media, a la masonería especulativa que acoge personas de diversos estamentos sociales. La crisis de la masonería actual se relaciona con su débil membresía, esto preocupa debido a que en los últimos tiempos las logias en distintos países han experimentado una considerable disminución en el número de miembros.

# HISTORIA Y GENERALIDADES DE LA MASONERIA

La francmasonería o masonería se considera a sí misma una institución filantrópica, que tiene un carácter iniciático, en la Enciclopedia Británica se le describe como la sociedad secreta más extendida del mundo. Para la Real Academia Española, es una sociedad que solo fue secreta en sus orígenes, en la actualidad, algunos masones prefieren considerarla discreta en vez de secreta, sin embargo en estos aspectos no hay unidad de criterio. Enciclopedia Británica, (2023)

Los masones se reúnen en logias que también se les denominan talleres, que cuentan con un nombre, un número, practican un determinado rito y responden a una obediencia llamada Gran Logia o Gran Oriente. El Rito hace referencia a los uso, costumbres y normas bajo las cuales trabajan, el termino rito también se utiliza para los actos ceremoniales. Ferrer Benimeli, J. (1975). Para ser miembro es preciso ser mayor de edad, tener como padrino un masón y ser aceptado mediante votación en una sesión o tenida.

La masonería evoluciona a través de los tiempos pasa de operativa, formada inicialmente por constructores cristianos durante la Edad Media, a la masonería especulativa que acoge personas de diversos oficios y clases sociales, en ella se propende por el perfeccionamiento moral y cultural de sus miembros.

La francmasonería tiene como propósito la búsqueda de la verdad, el estudio de la conducta humana, el desarrollo de las ciencias y artes. También fomenta el desarrollo social y moral del ser humano. Su enfoque se orienta hacia la evolución personal y el progreso social de sus miembros.

La masonería transmite sus enseñanzas mediante símbolos y alegorías tomadas de la arquitectura y el oficio de los canteros, especialmente del arte real de la construcción, es decir, forma de conformidad con los usos y costumbres que tuvieron los constructores de las catedrales medievales europeas.

La palabra libre en el nombre de los albañiles se debe a que a partir del año 614 el papa Bonifacio IV liberó a los constructores de las leyes de sus respectivos países y los colocó bajo la protección de la Iglesia católica, lo que les facilitó trasladarse de un lugar a otro, conforme a las necesidades de la iglesia incluso en tiempos de guerra. En el siglo XVIII el término masón se extiende a Europa continental de la mano de la masonería especulativa, pasando al francés como franc-maçon y al español como francmasón.

El término masón en francés significa albañil, cantero y constructor, en la Inglaterra del 1350 se utilizaba la denominación free-stone-mason para definir a los albañiles que trabajaban una piedra de calidad superior para capiteles y adornos, igualmente se denominaba rough-stone-mason a los que trabajaban la piedra más tosca y dura para sillerías. Para algunos autores, la expresión free-stone-mason se habría simplificado posteriormente como free-masón. Gómez, A. (2008).

La sede de la Gran Logia Unida de Inglaterra surge el 24 de junio de 1717, en ese año cuatro logias masónicas especulativas de Londres se unieron para crear la Gran Logia Unida de Inglaterra, antes de estas fecha se reunían en las tabernas de Londres, en tabernas que tenían los siguientes nombre la Oca y el Grillo, la Corona, el Manzano, Las Uvas y la Copa.

En 1721 dos pastores protestantes, John Theophilus Desaguliers y James Anderson, redactan las primeras constituciones, que fueron aprobadas con algunas enmiendas en 1722, y publicadas finalmente en 1723. (Ferrer Benimeli, J. 1975)

En la fundación de la Gran Logia Unida de Inglaterra se expresaron muestras de lealtad al rey Jorge I de Inglaterra que era de la Casa de Hannover, lo que se interpretó como un gesto contrario a los pretendientes de la Casa de Estuardo. En Inglaterra en 1723 se da un gran auge en la masonería, pues se pasa de las cuatro logias originales a cincuenta y dos.

En 1771 se funda el Gran Oriente de Francia, este también acoge las Constituciones de Anderson en estas normas se especificó que solo se podían admitir a hombres, estableciendo como requisito que fuesen hombres libres de cualquier vasallaje y de buenas costumbres. En 1774, el Gran Oriente de Francia creó el Rito de Adopción conocido como masonería de damas, en donde se daba un rol masónico a las mujeres pero bajo la tutela de masones varones.

En 1877 la masonería del Gran Oriente de Francia eliminó de sus estatutos la necesidad de creer en Dios, de creer en la inmortalidad del alma, de jurar sobre la Biblia y de considerar a la Biblia como expresión de la palabra y voluntad de Dios. Por esto, fue declarada irregular por la Gran Logia de

Inglaterra. La Gran Logia de Francia no exige la creencia en el Gran Arquitecto del Universo, pero sí lo admiten como un símbolo de un poder que tutela y que es desconocido. Gómez, A. (2008).

María Deraísmes y Georges Martin fundaron el 4 de abril de 1893 una nueva obediencia masónica, la del Derecho Humano, que es mixta, es decir, hay hombres y mujeres en igualdad de condiciones. El 21 de octubre de 1945 se creó una masonería exclusivamente femenina, con el nombre de Unión Masónica Femenina de Francia. En 1952 pasó a llamarse Gran Logia Femenina de Francia. En el 2024 hay en Francia 53.000 miembros agrupados en 1200 logias.

El académico Pere Sánchez Ferré explica el significado que tiene la escuadra y el compás para la masonería. La escuadra simboliza la tierra, con la escuadra se dibujan cuadrados. El compás representa el cielo. Con él, se dibujan círculos. En la masonería, los dos elementos se presentan unidos y su significado más extendido es la unión entre el cielo y la tierra. Nieto, C. (2007).

Se considera que el Gran Arquitecto del Universo empleo el compás para calcular como seria la creación. Con el compás se delimita, se da forma, corporifica y se ordena el caos del hombre convirtiéndolo en parte del cosmos. Con la escuadra se crea la piedra cúbica, a la que se puede dar forma para convertirla en piramidal. Gómez, A. (2008).

En el grado de compañero están presentes la escuadra, el nivel y la plomada. Para el estudioso de la masonería José Antonio Ferrer Benimeli, la escuadra simbolizaría la rectitud moral, el nivel la igualdad y la plomada la vertical jerárquica.

En algunos rituales masónicos, un ángulo recto simboliza el corazón, en algunas ceremonias masónicas propias de los primeros grados masónicos se entrega una flor al recién iniciado, los templos masónicos actuales están inspirado en el templo de Salomón.

En los templos masónicos se encuentran dos columnas Jakin y Boaz, que evocan a las dos columnas de bronce construidas por el arquitecto Hiram Abiff para el templo del Rey Salomón, está decorado con una bóveda estrellada que contiene los signos del zodiaco, el suelo esta compuestos por cuadrados blancos y negros, a semejanza de un tablero de Ajedrez. Nieto, C. (2007).

Otro símbolo masónico es la letra griega delta, que está escrita en mayúsculas y tiene forma triangular, remite a la triple naturaleza multidimensional del hombre alma, espíritu y cuerpo. También se relaciona con los tres principios alquímicos que se encuentran en la Cámara de Reflexión masónica azufre, mercurio y sal.

La letra delta también es similar a la pirámide, donde los egipcios colocaban al difunto que resucitaría con el cuerpo de luz o de fuego. El delta también se representa con el ojo de Horus o con el tetragrama que también representa el nombre de Dios en hebreo. Nieto, C. (2007).

Otro símbolo masónico es el pentalfa, que es una estrella flamígera de cinco puntas de fuego con la letra G en su interior. La estrella de cinco puntas representa al hombre. La estrella de fuego es el hombre divinizado. La letra G se puede encontrar dentro del espacio que forman la escuadra y el compás, dentro de la estrella de fuego de cinco puntas, dentro del delta o sola. Simboliza, en primer lugar, la Geometría. También puede significar la Gnosis, el conocimiento en griego.

En las ceremonias de admisión o ceremonia de iniciación, se puede observar entre los elementos que la forman el anagrama VITRIOL, termino conocido en la alquimia, para el que hay dos equivalencias diferentes: Visita Interiorem Terrae Rectificando Inveniens Operae Lapidem ("Desciende hacia las entrañas de la Tierra, y destilando encontrarás la piedra de la obra".) Visita Interiora Terrae Rectificando Inveniens Occultum Lapidem ("Explora los interiores de la Tierra, y rectificando, encontrarás la piedra oculta".).

Otro símbolo masónico son los tres puntos, dos abajo y uno arriba, formando un triángulo en alusión al primer grado y los toque masónicos. En el siglo XIX, se emitían certificados como este para que los masones pudiesen demostrar que habían tomado los tres grados de la masonería en una logia regular, es decir, en una logia reconocida por una gran logia. Gómez, A. (2008).

La masonería es una sociedad iniciática, sus ceremonias contienen diferentes enseñanzas que se refuerzan en los respectivos grados, en un principio la masonería especulativa tenía solo tres grados aprendiz, compañero y maestro.

Estos grados denominados del simbolismo siguen siendo reconocidos y practicados por la masonería. El Rito Escocés Antiguo y Aceptado que es uno de los más generalizados consta de treinta y tres grados, el Rito Escocés Rectificado tiene siete y el Rito de Memphis Misraim tiene noventa y nueve grados. Nieto, C. (2007).

El Rito Escocés Antiguo y Aceptado tiene treinta y tres grados, los tres primeros son llamados simbólicos, dogmáticos o fundamentales en algunos orientes, y forman la que se conoce como masonería azul. Los grados "capitulares" son los que hay entre el 14 y el 18 y constituyen lo que se conoce como masonería roja. Los grados "filosóficos" son los que hay entre el 19 y el 30 y conforman la masonería negra. Entre el 31 y el 33 están los grados "sublimes, consistoriales o administrativos" que forman la masonería blanca, en este Rito y en otros a muchos grados corresponde un número, que es la edad simbólica del masón.

En cuanto al funcionamiento y organización interna de las logias, las reuniones de masones se llaman tenidas, estas pueden ser ritualistas para la formación de todos sus miembros, administrativas para oficiales de la logia, tenida blanca abierta al público y de familia para tratar asuntos privados.

Los oficiales de logia son: venerable presidente, primer vigilante asiste al venerable y se encarga de los compañeros, segundo vigilante asiste al venerable y se encarga de los aprendices, orador es el guardián de las constituciones y censor de las ceremonias, secretario es el que lleva un registro detallado de la logia, maestro de ceremonias asiste al venerable y se encarga de los protocolos en las tenidas, gran experto se encarga de las ceremonias, tesorero se encarga del presupuesto y finanzas, hospitalario informa sobre cumpleaños y fechas especiales, hace labores de caridad, visita a hermanos y enfermos, guarda-templo verifica la identidad de los que acceden al templo, dos expertos y past-venerable venerable que ha cumplido su mandato, este se sitúa al lado del venerable actúa como su consejero.

# LA CRISIS DE LA MASONERIA

La crisis de la masonería está relacionada con una débil membresía lo cual es motivo de preocupación para la orden, este fenómeno se observa en que las grandes logias ubicadas en países como Reino Unido y Francia que tradicionalmente se caracterizaban por una importante cantidad de miembros, en la actualidad han experimentado una considerable disminución en el número.

En los últimos meses, logias que en tiempos de prosperidad contaban con más de treinta miembros que tenían una asistencia regular, en la actualidad solo le asisten la mitad y cada vez cuentan con menos adeptos. Este fenómeno ha conllevado a que algunos masones hayan optado por cambiar de obediencia buscando logias con más miembros; otros han decidido estar en sueños, lo que equivale a un retiro transitorio y otros definitivamente se han retirado. Gómez, A. (2008).

Diversos factores llevan al retiro de la orden, en algunas logias sus miembros se han dado de baja como consecuencia de la crisis económica que padece el mundo, debido a que se han quedado sin trabajo y sus ingresos han disminuido. Otros casos se relacionan con miembros que no pueden venir, porque tienen que quedarse en casa a cuidar a sus hijos, otros que recientemente han sido padres y tienen que dedicar más tiempo a la familia. Nieto, C. (2007).

Al parecer la sociedad actual no está diseñada para mantener a asociaciones como la masonería, el presente es el mundo de la rapidacion, caracterizada por trabajos estresantes, en contraste los rituales masónicos son lentos y ceremoniosos, lo que iría en contravía de las dinámicas actuales y los sentires de las nuevas generaciones.

La masonería en el pasado marchaba acorde a los aconteceres de la Humanidad en donde las actividades cotidianas eran más reflexivas, se llevaba una vida más sosegadas, eran épocas en el que las personas disfrutaban de caminar, conversar y pasar el día; la gente era dueña de su tiempo, mientras que ahora es muy complicado salirse del mismo para hacer las cosas que agradan. Nieto, C. (2007).

El problema fundamental de la masonería estriba en cómo manejar el necesario relevo generacional, para que continúe la ancestral obra masónica, desde hace varias décadas se tienen estas preocupaciones, no se ha podido dar ese paso, no se ha logrado vincular las nuevas generaciones al proyecto masónico, en el presente resulta muy difícil captar y mantener motivados a los neófitos jóvenes, la dificultad estriba en cómo mantener interesados a los masones novatos en las temáticas y dinámicas de la masonería, es decir, como involucrar más a los jóvenes aprendices, como hacerlos más copartícipes en las tenidas, como evitar su aburrimiento. La crisis en cuanto a nuevas vocaciones masónicas podría deberse al materialismo reinante en la mentalidad general de las sociedades actuales, que se han centrado en un éxito aparentemente fácil y ha descuidado las carencias espirituales de la gente joven. Gómez, A. (2008).

También, es un factor importante las luchas intestinas y enfrentamientos entre miembros de la masonería, un ejemplo es las desavenencias entre las mal llamadas logias regulares e irregulares, derivadas de obsesiones con el poder, que se traduce en luchas internas, unido al surgimiento de grupúsculos que se auto proclaman grandes logias o grandes orientes.

Otro síntoma de la crisis de miembros es asumir como dogmas los ideales, normas, usos y costumbres masónicas lo cual hace que se pierden sus enseñanzas, este es un factor que desmotiva a los simpatizantes nuevos y antiguos, pues, se da más preeminencia al cumplimiento de normas, que a la generación de mística y sentido de pertenencia masónica. Nieto, C. (2007).

La masonería se ha quedado rezagada frente a temas de actualidad, como la problemática de la mujer, los derechos de los grupos LGBTI, la defensa de las minorías, la erradicación de la pobreza, la lucha contra el cambio climático y la situación de los migrantes, no ha generado propuestas fuertes para el tratamiento de estos temas, es necesario analizarlos desde una perspectiva masónica.

La masonería a través de los tiempos ha mantenido una dualidad, ha asumido posturas conservadoras y liberales a la vez, ha sido vanguardista, liberal y progresista pues ha estado presente en las grandes revoluciones democráticas, a la vez ha sido conservadora en temas relativos a la orientación sexual, el género y los derechos de las minorías. La masonería tiene que buscar las respuestas a su crisis desde su interior, por ello es necesario reflexionar sobre este modelo educativo iniciático; para entender qué motivos han interesados a sus miembros y la han hecho persistir a través de los tiempos.

# CUARTA SECCION

Trata tres grandes temáticas relacionadas con las virtudes, ética y axiología, en este escrito se indica como las virtudes comprenden el conjunto de rasgos que posee y práctica una persona, se explica como la Ética incide en las actuaciones de las personas muestra que estas tienen una dimensión moral, que articula la postura individual con la de la sociedad en que vive, analiza por que  la axiología comprende el estudio de la naturaleza de los valores y explicita lo relacionado con los juicios valorativos que se emiten sobre determinadas actuaciones.

# VIRTUDES QUE DEBERIAN ORIENTAR A UN MASON

Las virtudes comprenden el conjunto de rasgos que posee y práctica una persona, las cuales que responden a una cierta consideración social de lo que es deseable, sustentado en una serie de valores relacionados con ideales de lo bueno, la veracidad, justicia y belleza.

Las virtudes son aquellas disposiciones que hacen que las personas actúen con base al bien, justicia y verdad. Por eso, conllevan a una conciencia de lo que es bueno y le alejan a las de los vicios. Filósofos como Aristóteles y Platón, consideran que las virtudes determinan las buenas actuaciones, conductas y hábitos en las personas. La masonería relaciona las virtudes con los valores, pues, la práctica de estos facilita a un hombre libre y de buenas costumbres, el relacionarse espiritualmente con sus semejantes actuando bien, a continuación, se abordan los más representativos.

La fortaleza consiste en tener valor y fuerza interna para superar las debilidades, dificultades y miedos, que, como individuos, se tienen y que en ocasiones limitan a las personas para alcanzar sus sueños. Es considerada una virtud cardinal. La fortaleza invita a hacer frente y luchar con valentía por aquellas cosas que se quieren alcanzar, ayuda a actuar en conciencia hacia lo bueno. El que cultiva la fortaleza es capaz de lograr cosas importantes para sí mismo. Nieto, C. (2007).

La templanza se relaciona con la moderación de nuestros deseos, actos  y apetencia de placeres, actuar guiado por la templanza implica estar en capacidad de controlar la voluntad, dominar las tentaciones y moderar los deseos mediante la razón. La templanza ejerce una especie control que nos hace responsables de nuestras decisiones, sobre nuestras actuaciones, permite afrontar con serenidad los buenos y malos momentos de la vida. La templanza forma parte de las virtudes cardinales que debe practicar un mason.

Fe es una palabra que proviene del latín fides, que significa lealtad o fidelidad, implica creer en la existencia de la divinidad y en sus revelaciones, en la vida cotidiana las personas actúan conforme a sus creencias y según las enseñanzas que de ellas se derivan como lecciones que son fruto de las experiencias de la vida, es decir, guiados por su idea de que es lo bueno y los principios espirituales bajo los cuales se rigen. La fe es la creencia, confianza y asentimiento de una persona en relación con algo o alguien, como tal, transciende a la necesidad de poseer evidencias que demuestren fehacientemente la verdad de aquello en lo que se cree. Nieto, C. (2007).

Esperanza consiste en esperar, con la certeza de alcanzarlo, aquello que se desea de manera constante, la persona que actúa esperanzada confía en que sus buenas acciones le serán retribuidas a lo largo de la vida. La esperanza es una actitud hacia la vida, también un estado de ánimo realista a la vez optimista, fundamentado en la creencia de que un cambio positivo es posible, lo que despierta la voluntad de trabajar para conseguir las metas trazadas a lo largo de la vida. Gómez, A. (2008).

La caridad es una actitud y disposición en que se tiende a comprender y ayudar al prójimo, es una virtud que contiene en sí misma la fe y la esperanza. Ser caritativo es actuar desde el sentimiento del amor al otro, de manera desinteresada y encaminado siempre hacia el bien. Los actos caritativos generan alegría, gozo y paz. La caridad se puede observar en el que ayuda desinteresadamente y ama al prójimo. En la práctica masónica se expresa en las obras filantrópicas que llevan a cabo las logias con los menos favorecidos en la lotería social. Nieto, C. (2007).

La paciencia ayuda a sobrellevar los diversos momentos de la vida con fortaleza, templanza y calma. La persona paciente sabe esperar y es consciente de que existen circunstancias que no dependen de nuestras actuaciones, que hay aspectos de la vida que escapan a nuestro control. La paciencia se relaciona con las palabras paz y ciencia, es la capacidad de padecer y soportar algo sin alterarse, es la habilidad para hacer cosas complejas minuciosamente, consiste en saber esperar algo que se desea mucho

La justicia consiste en respetar los derechos de las demás personas con base en el bien común, por ello procura que cada persona reciba lo que le corresponde, que cada uno acceda a lo que merece. La justicia, es contraria al egoísmo, la mentira y la maldad. El hombre justo obra correctamente y respeta los derechos del otro, trata de convivir armónicamente con otros. La justicia masónica se centra en el ideal de que Dios es nuestra justicia y por ende es en el en quien se deposita toda la confianza. Nieto, C. (2007).

La prudencia consiste en la capacidad para distinguir que es lo apropiado en diversas circunstancias de la vida, es expresar las opiniones moderadamente y acorde a las realidades de la vida. La persona prudente evalúa las consecuencias de sus acciones y evita los excesos. La prudencia guía al mason para que sea prudente sobre lo que dice y hace.

La bondad invita a las personas a actuar con amabilidad, confianza y bienaventuranza libre de toda maldad. Una persona bondadosa es considerada como buena o benigna con los demás. La bondad es una tendencia natural a hacer el bien, que se manifiesta en el carácter y mediante sus actuaciones demuestra ser bueno. El ser bondadoso promueve mediante sus acciones el bien, los cuales manifiesta con actos de bondad hacia sus semejantes. Gómez, A. (2008).

La humildad consiste en reconocer las limitaciones que se tienen, así como, aceptar las debilidades a las que se es propenso, también, es reconocer las causas de nuestros errores. El hombre humilde es igual a otro pero actúa con sencillez. La humildad es tener conciencia de las propias limitaciones y debilidades para actuar en consecuencia a esas imperfecciones humanas.

La sabiduría tiene que ver con el conocimiento para saber vivir en el mundo que le ha tocado, este conocimiento permite distinguir entre lo bueno y lo malo. La sabiduría es un carácter que se desarrolla mediante la aplicación de la inteligencia en la experiencia propia, obteniendo conclusiones que dan un mayor entendimiento de la realidad. Nieto, C. (2007).

El perdón parte de un propósito de enmienda que se aplica hacia sí mismo y los demás, consiste en asumir como enseñanzas de vida los errores y agravios cometidos. El que perdona tiene tranquilidad de conciencia y está en paz consigo mismo. EL perdón es una decisión voluntaria, que libera de sentimientos negativos: rencor, resentimiento, enojo y dolor. Es una actitud que implica estar dispuesto a aceptar la responsabilidad por las propias acciones.

La gratitud permite valorar el lado positivo de lo que vivimos, tenemos o recibimos. A través de la gratitud podemos expresar nuestro agradecimiento hacia los demás. Abrazar a un ser querido puede ser una demostración de gratitud por todas las atenciones que se reciben de esa persona. La gratitud, es la cualidad de ser agradecido, consiste en apreciar los aspectos agradables de la vida y la voluntad de reconocer que los demás personas desempeñan un papel importante en nuestro bienestar emocional. Gómez, A. (2008).

La abnegación es una actitud de sacrificio que algunas personas asumen de manera voluntaria en favor de los demás. La persona abnegada o altruista renuncia a sus deseos e intereses particulares con la finalidad de conseguir el bien ajeno antes que el propio. La abnegación consiste en el sacrificio espontáneo o por medio de la voluntad de los propios intereses, deseos e incluso de la misma vida en favor de otros.

La magnanimidad se relaciona con la grandeza o una gran generosidad. Se trata de la capacidad de establecerse metas grandes y complejas, partiendo de la razón de nuestras acciones, más allá de las dificultades que estas pueden generar. Por consiguiente, la magnanimidad conlleva al perfeccionamiento de otras virtudes y a mantener una buena disposición de ánimo a lo largo de la vida. Nieto, C. (2007).

La perseverancia consiste en ser constantes en la obtención de los proyectos y metas. La perseverancia en la consecución de las metas avanzando a pesar de las dificultades. El perseverante hace su mejor esfuerzo, con la voluntad y certeza de obtener algo.

La valentía se relaciona con la fuerza de voluntad para afrontar con tenacidad las circunstancias adversas de la vida. El valiente actúa con determinación, vence sus miedos y supera las dificultades que se le presentan.

La castidad es la virtud que aleja o modera la búsqueda de placer. Se relaciona con la templanza y la capacidad de abstenerse a cometer este tipo de actos, logrando que el individuo anteponga la razón y la sobriedad. Es una postura que las personas toman de manera libre.

La castidad es practicar una sexualidad pura, las personas que son castas no necesariamente son célibes. La castidad equivale a pureza de pensamiento, palabras y actos. La castidad significa abstenerse de cualquier relación sexual inconveniente. También implica fidelidad en la relación con otro. Gómez, A. (2008).

La generosidad implica compartir bienes materiales y brindar ayuda al necesitado de manera desinteresada, sin esperar ninguna recompensa. Una persona generosa comparte voluntariamente aquello que le pertenece. Esto no reduce a compartir cuestiones materiales, sino también a compartir bienes intangibles como: tiempo libre, voluntariado, conocimientos, sentimientos y experiencias.

# ETICA MASÓNICA UN FARO PARA ESTOS TIEMPOS

Desde los primeros grados de la masonería, sus trabajos se encaminan hacia el estudio de los aspectos morales como mecanismo para ser mejores personas, que en lenguaje masónico sería convertirse en un hombre libre y de buenas costumbres. La primera tarea del aprendiz consiste en comprender los aspectos propios de este ideario moral. Es necesario interrogarse sobre ¿En qué consiste la Ética ?, lo cual demanda respuestas filosóficas, que consiste en la búsqueda de la sabiduría para saber vivir. Gottlieb, J. (1997).

Las actuaciones de las personas tienen una dimensión moral, que articula la postura individual con la de la sociedad en que vive, un acto es moral cuando se hace libremente, cuando se tiene libertad para escoger entre diversas opciones que se relacionan con lo que es correcto, en ese sentido debe asumirse que dichos actos serán evaluados por su comunidad.

Las normas morales en cuanto a su cumplimiento difieren de las leyes jurídicas, debido al sentido imperativo que tienen las normas jurídicas, las cuales se promulgan para ser cumplidas por el conjunto de la sociedad, independiente de la voluntad que manifiesten los sujetos. Por el contrario las normas morales se cumplen por auto imposición derivada del conocimiento que se tiene sobre la validez de estas. Gottlieb, J. (1997).

Desde una perspectiva moral se actúa teniendo como referencia a un canon establecido por ideales, principios y valores éticos, los cuales se asumen como reconocidos por el conjunto de la sociedad, se asume como una serie de normas que regulan la convivencia entre las personas, como pautas de comportamiento históricamente válidas. Es moral todo acto que se realiza de manera libre, siguiendo como referentes la justicia, la libertad y la responsabilidad por lo que se hace o deja de hacer. Perramon, 1986.

No obstante que los aspectos morales han estado presentes en todas las sociedades desde los orígenes de la humanidad, a través de los tiempos ha variado la interpretación sobre lo que es bueno, bajo la visión prevaleciente en la actualidad, no se puede evaluar moralmente el comportamiento de los faraones egipcios que se casaban con sus hermanas en la antigüedad, en una época en que las relaciones incestuosas eran consideradas normales pues se pretendía preservar un linaje, dado que carácter cívico-religioso que tenía la figura del Faraón. Por ello, no se puede evaluar la conducta de los hombres como morales o inmorales en virtud de sus actos, pues, estos solo tienen sentido, si se consideran los contextos históricos y se entiende la mentalidad de la época.

Los aspectos éticos tienen un fuerte soporte en lo axiológico y epistemológico, la ética se nutre de principios, normas y valores morales, los cuales han jugado un rol importante en el desarrollo de la sociedad; pues han regulado las relaciones humanas bajo el ideal de una convivencia armónica entre los seres humanos, pues son los que deciden ceñir sus actos conforme a lo prescrito por su sociedad, los principios, normas y valores son los que dan sentido a la moral. Gottlieb, J. (1997).

Asimismo, la ética a través de los principios, normas y valores señalan idealmente un deber ser, que se manifiesta en el bien común al que aspira la sociedad, en tanto que la moral es lo derivado del acto mismo, constituye lo que realmente se hace para cumplir con lo promulgado en los principios, normas y valores. Esto se complementa, con la intención para llevar a cabo el acto y la libertad para actuar, así acción ejercida es la que considera moral o inmoral, al evaluar las actuaciones de los seres humanos.

La masonería desde sus primeros tiempos se ha propuesto el estudio de la filosofía de la moral, en la antigüedad estuvo centrada en la práctica de las virtudes, pues, era lo que hacía bueno y por tanto feliz al hombre, en tiempos recientes, se habla de principios, normas y valores éticos que se nutren de la teoría de las virtudes desarrolladas por Sócrates, Platón y Aristóteles. Perramon, 1986.

Estos han trascendido en el tiempo contribuyendo a la consolidación de las sociedades actuales, los modelos éticos a través de los tiempos se han sustentado en la teoría de la polaridad. Las polaridades son los extremos opuestos de una misma categoría, las dos caras de la moneda, en el caso de la ética la polaridad se manifiesta en explicar las actuaciones de las personas, contrastando lo bueno frente a lo malo, lo ético frente a lo antiético, lo moral frente a lo inmoral, lo útil frente a lo inútil, lo correcto frente a lo incorrecto, los valores frente a los antivalores. GottLieb, J. (1997).

La polaridad es un aporte ético a la masonería, pues, se manifiesta en símbolos, signos, toques, ritos, leyendas y enseñanzas morales, que explican desde una perspectiva masónica la lucha entre bien y mal, entre arriba y abajo, entre evolución e involución.

Todo ello para autoformarse conforme a su búsqueda masónica como hombre libre y de buenas costumbres, que ha dejado el mundo profano para trabajar en su templo interior. En el tránsito por los diversos grados, toma lo mejor del mundo profano y del espiritual, se convierte en un adalid moral, una especie de guerrero que combate la ignorancia, los vicios y el fanatismo, mediante el estudio y la práctica de relaciones fraternales con sus semejantes.

La Ética de las virtudes es un sustento moral fuerte para el masón, que a semejanza de los antiguos griegos, aspira a ser virtuoso mediante la práctica de las virtudes, que en la masonería se complementa con la visión estoica de dominar las pasiones y controlar los placeres, en hacer lo correcto conforme a los principios, normas y valores de su sociedad, que se reduce a pulir la piedra bruta. Perramon, 1986.

Como se ha indicado en apartados anteriores, las actuaciones morales de los hombres solo tienen sentido en un contexto y espacio determinado, en la antigua Helade hoy Grecia fue algo moralmente correcto tener esclavos. El sistema económico esclavista consistió en la reducción del hombre libre a esclavo, a su explotación mediante el excesivo trabajo físico, el ser considerado una cosa parlante, el ser visto como una mercancía  objeto de venta o de los caprichos del esclavista; en el feudalismo era moralmente correcto sumisión a los poderes del señor feudal y al Papa, es la época del siervo de la gleba sometido a una religión oficial y a servir a su señor, el poder terrenal y el poder religioso dictan las normas morales, en el capitalismo, lo moralmente correcto consiste en ser un trabajador, responsable y disciplinado, que tiene el deber de obedecer las normas de la sociedad en que vive. GottLieb, J. (1997).

En esencia el concepto sobre qué es lo bueno va variando a través de los tiempos. En el presente es necesario que la masonería y la sociedad se abran ante las nuevas realidades morales, reflexionando sobre temas como el aborto, los derechos de las minorías, los derechos de los seres sintientes, el cambio climático, la mujer, los migrantes, la mujer y la sexualidad humana, pues, las prohibiciones no alteraran la realidad y mucho menos cambiaran la naturaleza humana.

Como se ha indicado, es complejo afirmar si un comportamiento es correcto o no, lo moral solo tiene sentido en una época y un contexto específico, la moral cambia a través del tiempo y de una sociedad a otra, Así, lo moral se comprende en virtud de una realidad determinada, lo que obliga a preguntarse: ¿Qué es actuar moralmente? ¿Cuáles son los aspectos morales que orientan a un masón? ¿Cuál es el rol moral de un masón? ¿La masonería debe ajustar sus parámetros morales a las dinámicas actuales? Estos interrogantes plantean nuevos retos a la masonería actual. Perramon, 1986.

Para Sócrates, la moral consiste en tener el conocimiento para saber vivir, sustentado en los diálogos platónicos, por qué tendría que ser de una determinada manera; pues, hay muchas maneras de ser malo y solo una de hacer lo correcto, para los masones conllevaría a evaluar, qué se aporta actualmente a la sociedad debido a la vigencia que tienen ciertos principios, valores y normas masónicos.

Los masones son herederos de concepciones morales que recogen aspectos de ancestrales enseñanzas orientales y occidentales, también, deben ajustar sus actuaciones a las dinámicas de los tiempos actuales integrándolas con las experiencias del pasado, deben considerar que es lo bueno, útil y valioso en las sociedades presentes, deben ser coherentes con lo que dice y hace, pues, no se pueden reducir los actos morales a simples gestos fraternales que solo se dan en las reuniones logiales. Es necesario propender por el bien común de la comunidad en que se vive y ser vanguardista mirando más allá de su tiempo y circunstancias.

El comportamiento moral del individuo se observa desde dos perspectivas la individual y la grupal, es decir, analiza como las actuaciones de unos impactan las vidas de otros, en la vida cotidiana se presentan situaciones que conllevan a dilemas morales a cualquier persona y por ende al masón, en este sentido el masón se ve abocado a decidir sobre: ¿Debo ser fiel a mis compromisos? ¿Debo defender a hermanos que no actúan honestamente? ¿Debo callar frente a las injusticias? ¿Debo ser indiferente ante el dolor del otro? ¿Debo vengar las ofensas? ¿Debo ejecutar ordenes injustos? ¿Debo controlar mis pasiones? Estos interrogantes, pueden ser una guía moral que oriente al masón a actuar según su criterio. GottLieb, J. (1997).

La moral evalúa también las actuaciones de los gobernantes, la política es el arte de gobernar para bien de la comunidad, el gobernante es alguien que busca el poder, por tanto todo lo que haga, tiene efectos en los gobernados. Practicas deshonestas como engañar mediante falsas promesas; el sacar provecho de las arcas públicas; el vulnerar los principios democráticos; el violar las leyes y derechos de los ciudadanos, en esencia, valerse de su condición para sacar provecho personal, es actuar contrario a la moral.

El ideal del gobernante debería ser acceder el poder público para aportar a la solución de los problemas de la sociedad, sin embargo, la forma en que los gobernantes encaran y resuelven los problemas sociales, en algunas ocasiones dista de lo que esperan los ciudadanos, estos mismos vicios en que incurren los que gobiernan en el mundo profano, pueden darse en las logias y grandes logias cuando los hermanos que dirige anteponen sus apetitos personales al bien común de la orden.

El gobernante actúa en forma correcta cuando sopesa entre sus compromisos con el pueblo que representa, lo que debe hacer presionado por las circunstancias y lo que en realidad desea hacer; también, enfrenta los juicios a los que se verá expuesto en relación con lo que hizo o dejo de hacer.  En las actuaciones públicas es una labor difícil generar consensos, pues existen diversas opiniones sobre lo que considera moralmente bueno. Es un problema poner de acuerdo a grupos antagónicos cuyos puntos de encuentro son distantes y contrarios. El gobernante por ello debe construir sobre mínimos comunes.

La Filosofía se propone la búsqueda del conocimiento, en la actualidad se habla de diversos tipos de filosofías relacionadas con el derecho o la política entre otros campos, las ciencias en cambio están en la búsqueda de la verdad, entendida como el veritas latino, es decir, aquello que coincide con la realidad, cada ciencia se guía por su propio método, sigue una serie de pasos para estudiar un fenómeno y llegar a una verdad, que sea reconocida como científica. Perramon, 1986.

Los masones se guían por el ojo que todo lo ve, una especie de mirada que mira la mirada no solo busca lo que coincida con la realidad del mundo sensible, es ver más allá de lo que se muestra como evidente, el masón toca, busca y encuentra, estando en permanente búsqueda del conocimiento para saber vivir, en armonía consigo mismo en su contexto.

La masonería tiene como objeto de estudio la búsqueda de la verdad y el estudio de la moral, que se traduce en la práctica masónica en una búsqueda de conocimiento, pues encontrar la verdad es lo que libera de toda superstición y fanatismo, es lo que hace al masón un ser moral pues es un hombre que quiere ser libre y de buenas costumbres. No busca una perfección sino convertirse en un mejor ser humano.


# AXIOLOGIA MASONICA MAS ALLA DE LOS DEBERES

El termino Axiología proviene del griego ἄξιος que hace referencia a valor o valioso y λόγος que traduce como conocimiento, la Axiología es llamada de diversas maneras filosofía de los valores, teoría de los valores o filosofía axiológica, es una rama de la filosofía que se dedica al estudio de la naturaleza de los valores y lo relacionado con los juicios valorativos que se emiten sobre determinadas actuaciones. La Axiología analiza la naturaleza de los valores, hace una taxonomía de los valores y analiza qué tipo de cosas tienen valor.

En 1887 el término axiología lo utiliza por primera vez Eduard Von Hartmann, sin embargo, la axiología como ciencia fue desarrollada como un sistema formal por Robert Hartman entre 1930-1977; Hartman analiza en sus obras el pensamiento lógico y el significado del valor. también descubrió que nuestra percepción depende de tres dimensiones de valor distintas a las que denominó dimensiones intrínseca, extrínseca y sistémica. GottLieb, J. (1997).

Cada persona tiene estas dimensiones pero las utiliza de maneras diferentes, unas más que otras dependiendo de sus preferencias y razonamientos. La distinción entre valor intrínseco y extrínseco es fundamental para la axiología, algo es intrínsecamente valioso cuando es bueno en sí mismo. El valor intrínseco depende de ciertas características de la entidad valiosa, se puede afirmar que una experiencia es intrínsecamente valiosa en virtud de ser placentera. Perramon, 1986.

Las teorías sustantivas del valor tratan de determinar qué entidades tienen valor intrínseco. Las teorías monistas sostienen que solo hay un tipo de valor intrínseco. El modelo paradigmático de las teorías monistas es el hedonismo, que se sustenta en la tesis de que solo el placer tiene valor intrínseco. Las teorías pluralistas, por otro lado, sostienen que hay diferentes tipos de valor intrínseco relacionados con las ideas de virtud, conocimiento y amistad. GottLieb, J. (1997).

Los pluralistas de valores tienen problemas para explicar cómo se pueden comparar diferentes tipos de valor y como estos ayudan a tomar decisiones racionales. Algunos filósofos consideran que los valores no existen pues son abstracciones de la realidad, sostienen que una afirmación de valor expresa la aprobación o desaprobación del hablante sobre algo.

Las reflexiones sobre los valores son anteriores a la noción de axiología y se remontan a David Hume, filosofo que reflexiona sobre los valores morales y estéticos, Hume propone una teoría anti-metafísica y nominalista sobre los valores. La teoría de Hume define los valores como principios de los juicios morales y estéticos, aspecto que será criticado por Federico Nietzsche al hacer la concepción genealógica de los valores, en donde afirma que si bien los juicios estéticos y morales dependen de los valores, también las verdades científicas y las observaciones cotidianas responden a ciertos valores y tienen variados mecanismos para valorar. Gottlieb, J. (1997).

El pensamiento de Kant habla de la posibilidad de una Ética en el fundamento del Sujeto y de la Razón Sustancial. Para Kant solo puede haber ética si hay Libertad, si se es autónomo se puede hacer frente a la Heteronomía impuesta por la sociedad occidental. Perramon, 1986.

Para Kant el mundo de la necesidad es el escenario de la Física, el mismo mundo de la mecánica newtoniana, con ello rescata la Física de Newton, pero, en paralelo elabora una Teoría del Sujeto como Fundamento último de su sistema filosófico, esta idea es posteriormente desarrollada por Fichte y Hegel.

La Ética de Kant se apoya en las ideas reguladoras de la razón, que usa al entendimiento como categoría que se vale de la razón instrumental para construir conocimiento científico, reduce la sensibilidad a lo empírico, la experiencia sensible. Kant reconcilia a la Razón científica con la posibilidad de emancipación práctica desde la política y ética. Los grandes valores en Kant transcienden la metafísica con fuerte influencia religiosa, para centrarse en la Ilustración, en los valores emancipatorios y racionales de los ilustrados, estos serían parte en sus obras del mundo de la razón y sus ideas reguladoras.

Marx en su crítica a la Economía Política desarrolla cuestiona lo que se entiende por valor, en especial la relación entre valor de uso y valor de cambio. Marx crítica la noción económica de valor mediante un análisis socioeconómico. Para Marx el precio no es el valor sino el resultado de cómo funciona el capital. La crítica marxista parte de aspectos filosóficos, pero, va más allá de ellos, dado que analiza los elementos sociohistóricos que la permiten.

Marx explica su concepción sociológica mediante la teoría de la lucha de clases, muestra las diferentes hegemonías y formas de dominación por las que ha pasado la humanidad, en sus diferentes formaciones históricas concretas y en los más generales modos de producción.

El principal aporte de Marx es su crítica a la alienación de las grandes mayorías de la población mundial bajo el sistema-mundo capitalista. Plantea como el llamado fetichismo de la mercancía permea la vida cotidiana. Los excedentes económicos inciden en las relaciones mercantiles, es el capitalismo un modo hegemónico de producción, que afecta las relaciones humanas de manera generalizada, estas son condicionadas por la forma-mercancía.

Para Marx la gran mayoría de los valores sociales vigentes tienen un origen mercantilista. Los seres humanos cuyo trabajo es el origen social de las riquezas, vale menos que lo que produce. La solución para Marx se sitúa en un cambio de los mecanismos de producción desde lo ético y lo político.

Los puntos de encuentro entre axiología y masonería, radica en que la orden enseña a sus miembro que existe una verdad en el mundo, que es constante e invariable, que cada masón tiene el deber de buscar esa verdad, no impone a sus adeptos lo que debe creer como la verdad, sino que incita a cada miembro a descubrirla por sí mismos.

Los códigos morales masónicos se centran en que si se es practicante de un fe religiosa adora al Gran Arquitecto del Universo como expresión de la divinidad, ama a tu prójimo, haz el bien, y deja hablar a los hombres, el verdadero culto a Dios consiste en las buenas costumbres, haz el bien, por el amor al bien mismo, si no eres creyente actúa como un hombre libre y de buenas costumbres. Axiológicamente la masonería se ha guiado por las siguientes premisas, la tolerancia mutua entre todos los seres humanos, el respeto a sí mismo y a los demás, la libertad absoluta de conciencia, el culto de cualquier religión, puesto que está basada en la Moral Universal.

# LOS CARGOS Y RESPONSABILIDADES EN LOGIA

La logia es un lugar dedicado al estudio y mejoramiento moral, es la organización básica de la masonería, está compuesta por un número especifico de maestros, la integran tres, cinco o siete maestros. También es una denominación administrativa establecida para agrupar a sus miembros, una logia está constituida por diversos tipos de miembros conforme a sus grados, dignidades y oficialidades, estos últimos son un grupo de maestros masones que eligen anualmente mediante votación, son los encargados de orientar, dirigir y coordinar las actividades que desarrolla la logia.

El templo es el espacio físico y espiritual de la logia, para los masones el templo es también el taller donde realizan y presentan sus trabajos, los masones entre si se tratan como hermanos.  La Logia es el local donde los masones celebran todas sus tenidas, eventos y reuniones. Perramon, 1986.

Al interior de las Logias hay una jerarquía de carácter administrativo, comprende los rangos establecidos para garantizar el debido funcionamiento de la logia, esto se hace mediante la distribución de las responsabilidades derivadas de las funciones propias de los distintos cargos. A continuación se describen los cargos, funciones y responsabilidades que tienen las dignidades y oficialidades en una Logia.

Aunque en esto no hay unidad de criterios, de manera general se consideran como dignidades de una logia al venerable, los dos vigilantes, el orador y el secretario, tesorero, past maestro, entre las dignidades se consideran luces del taller: venerable, los dos vigilantes, el orador y el secretario, que pueden reunirse por derecho propio cuando sea necesario.

El Venerable Maestro es quien se encarga de dirigir los trabajos, debe ser diplomático tiene dos oídos para escuchar, es el primero entre los iguales, es el que preside la logia, guía a la logia con sabiduría y prudencia. Entre sus funciones, se resaltan que es quien convoca a las tenidas, firma documentos, da apertura y clausura los trabajos, dirige las discusiones sobre temas de interés para el taller, vela por el cumplimiento de las normas y estatutos del taller, por la observancia de los decretos establecidos por los organismos superiores bajo los que está auspiciada, su puesto o trono está en el Oriente, con el Sol situado encima simboliza la luz de la logia.

Para ser vigilante se requiere ser Maestro, su función es asistir al Venerable Maestro y colaborar con la instrucción a los futuros maestros. Dirigen las columnas donde se ubican aprendices y compañeros, para intervenir en las tenidas ellos deberán solicitarles la palabra y no podrán hacer uso de esta, sin autorización de su Vigilante. Los vigilantes al igual que todos los maestros obtienen la palabra del Venerable Maestro, pero, pueden reservarse el derecho de dársela a los aprendices y compañeros.

El Primer Vigilante se sienta en su trono ubicado en el Occidente, tiene la función de dar instrucción a los Compañeros Masones, debe asistir a las tenidas, dar ejemplo de orden, de respeto a la ley y a los principios de la autoridad, es quien dirige la logia cuando se corre la cadena por ausencia del Venerable Maestro. las cualidades que debe tener son discernimiento, claridad y fuerza en las decisiones. Perramon, 1986.

El Segundo Vigilante se sienta en su tono ubicado al Mediodía, se encarga de dar instrucción a los masones del Grado de Aprendiz, representante la belleza, cuida que todos los hermano se mantengan en un nivel de perfecta equidad y comprensión, resolviendo así sus dificultades. Está investido con la plomada, que simboliza la rectitud, equidad y templanza. Gobierna la logia en ausencia del Venerable Maestro y el Primer Vigilante.

El Orador se ubica a la izquierda del Venerable Maestro, hace valer los reglamentos y normas de la orden, debe oponerse a todo debate o acto contrario a los mismos, Asimismo resume las discusiones de los Aprendices y Compañeros de la logia. En casos extremos puede suspender los trabajos y en ese supuesto remite un informe a su Gran Logia.

Su misión es la de ser portavoz de las palabras y los pensamientos de sus hermanos, lo mismo que toda la orden en su conjunto. Siendo este funcionario el fiscal de la logia, personifica la ley, el orden y la justicia. Solicita la palabra directamente al Venerable Maestro ninguna votación puede efectuarse sin escuchar las conclusiones del Orador, las cuales, en ningún caso deben estar dirigidas a influir en el voto. Es el encargado de hacer recuento de votos y de proclamar sus resultados.

El secretario se sienta a la derecha del Venerable Maestro se encarga de registrar las intervenciones de los miembros, realiza una síntesis y redacta las actas de las tenidas y reuniones de la logia, las cuales quedarán a su vez grabadas en el Libro de Oro de la secretaría envía las convocatorias ordenadas por el Venerable Maestro, también se encarga de mantener al día los aspectos administrativas relativos a la Gran Logia y otras obediencias.

El Tesorero se encarga de las finanzas del taller, procedentes de los ingresos y egresos derivados de los derechos de iniciación, capitación, afiliaciones, aumentos de salario y exaltaciones, así como los ingresos derivados de las donaciones y otros conceptos. Se le considera el depositario de los valores espirituales y materiales de la logia.

Las funciones que se han venido presentando, hacen parte de la vida cotidiana de la logia. Se refieren a aspectos materiales y espirituales. Las oficialidades de una logia juegan un papel importante en el funcionamiento de una logia, generalmente son el hospitalario, maestro de ceremonias, los expertos, guarda templo interior y exterior.

EL Hospitalario debe socorrer a los hermanos y sus familias cuando estas sufren algún tipo de calamidad. Encarna el espíritu filantrópico de la fraternidad característico de la orden, su conducta, pensamientos y palabras deben estar en función del servicio al prójimo, además debe contribuir mediante su ejemplo y enseñanzas a la formación de los hermanos en los principios de la solidaridad y ayuda mutua.

Se encarga de dirigir y presidir los honores rendidos a la memoria de los hermanos fallecidos, así como de informar al Venerable Maestro periódicamente sobre los movimientos de la cuesta de asistencia fraternal, debe guardar sigilo sobre la identidad de los hermanos socorridos, sus actos caritativos los hace silenciosamente y sin esperar recompensa.

El Maestro de Ceremonias controla todos los movimientos al interior de la logia, mantiene el orden y la armonía, asimismo sigue los protocolos conforme a los usos y costumbres masónicos, hace lo que le encarga el Venerable Maestro y coloca a la entrada del templo el libro donde se registra la asistencia y verifica que sea firmada por los asistentes, anuncia e introduce a los Visitantes.

Está a cargo del saco de proposiciones, es el único oficial autorizado para circular en logia durante los trabajos. Su misión es vigilar que el clima de los trabajos sea óptimo cuidando todos los detalles materiales y actitudinales. GottLieb, J. (1997).

El Maestro experto tiene como misión velar por la aplicación del ritual, así como servir de guía a los candidatos en las iniciaciones, acompañado del maestro de ceremonias; verifica que se cuente con todos los materiales necesarios para el buen desarrollo del Rito, que además, estén debidamente colocados y ordenados antes de la apertura de los respectivos trabajos. Es el responsable del buen desarrollo de los ceremoniales y en caso de advertir algún error informa al Venerable Maestro discretamente. En algunas logias este cargo es ostentado por dos hermanos.

El Guarda Templo armado con espada, que simboliza la vigilancia que constantemente se ejerce sobre nuestros pensamientos, palabras y acciones, pues, se debe hacer de ellos un uso constructivo, para poder avanzar por el sendero de la verdad, el conocimiento y la virtud.

La espada desnuda que ostenta el guarda-templo representa la vigilancia infatigable para poner a los miembros de la logia a cubierto de cualquier indiscreción, debido a que es el que custodia la entrada al templo. En algunas logias este cargo es ostentado por dos hermanos, que se dividen funciones como guarda templo interior y guarda templo exterior en ocasiones lo ejerce un pastmaestro. GottLieb, J. (1997).

Los cargo en logia guardan relación con el árbol sefirotico propio de la Cábala, así Kéter que es la corona se le relaciona con el Venerable Maestro, en tanto que Hod que representa a la victoria se asocia al Primer Vigilante, en cambio Netzáh relacionado con gloria guarda relación con el Segundo Vigilante, Jojmáh que es la sabiduría se relaciona con el Orador, Bináh se relaciona con la inteligencia se asocia al Secretario, Gueburáh el rigor guarda relación con el Tesorero, Jésed la gracia y se relaciona con el Hospitalario, Tiféret la belleza con el Maestro de Ceremonias, Iesod el fundamento con el Experto y Malkut el reino se relaciona con el Guardatemplo.

# QUINTA SECCION

En esta sección se abordan varios trabajos relacionados con lo que se entiende por simbología, los usos más comunes, signos y toques propios de la orden, el significado del Ara, la vestimenta conforme a los protocolos masónicos, la importancia del mandil, se hace una explicación de la escala de grados y el sentido que tiene el decorado del templo entre otros aspectos.

# SIMBOLOGIA DEL MOBILIARIO MASÓNICO

Un templo masónico es un lugar espacioso cuyos símbolos son reflejo del mundo y el universo, los templos masónicos están debidamente organizados todo está en donde corresponde, comenzando por el piso en las logias está generalmente adornado con cerámicas cuadradas blancas y negras parecidas al juego del ajedrez, las cuales simbolizan la dualidad o bipolaridad presentes en la realidad, las dos caras de la misma moneda bueno y malo, arriba y abajo, espíritu y materia entre otros significados.

En Occidente cerca a la puerta de entrada al templo hay dos Columnas con las letras J y B inscritas, a su lado están dos piedras: una piedra sin forma, conocida como piedra bruta, y la otra en forma cúbica que es una piedra pulida. Lo positivo en el tallado de la piedra bruta consiste en tener pleno dominio de los vicios y pasiones, mientras que lo negativo es dejar que los vicios y pasiones le dominen, en la medida que el masón se va convirtiendo en un mejor ser humano pasara de ser una piedra bruta a una piedra pulida. Zeldis, L. (2024).

Cerca de la Cámara del medio se puede observar una Escuadra y un Compás con la letra G que puede referirse a God que significa Dios en inglés, dado que la masonería moderna se origina en Inglaterra, también puede aludir a GADU abreviatura en español de la expresión Gran Arquitecto del Universo los trabajos masónicos suelen dedicarse a él, un término que tiene variadas significaciones y equivalencias en masonería, representa las diversas deidades, convenciones y creencias de los miembros de una logia. Se puede observar al circuambular por el templo, los diversos tipos de triangulaciones que se presentan entre el Venerable Maestro, Primer Vigilante y Segundo Vigilante sus ubicaciones varían según el rito masónico que se practique, lo que no cambia es que terminan formando un triángulo.

Uniendo mentalmente los puntos conforme a la ubicación del Venerable Maestro, Primer Vigilante y Segundo Vigilante se forma un triángulo, que indica la existencia de un plano, los vértices del triángulo corresponden a la Sabiduría, representada por el Venerable Maestro; la Fuerza, en cabeza del Primer Vigilante; y la Belleza, que alude al Segundo Vigilante, estos aspectos en el desarrollo de la liturgia masónica son recordados por el maestro de ceremonias, este, siguiendo las órdenes del Venerable Maestros enciende las luces y hace apertura a los trabajos del taller. Zeldis, L. (2024).

Al avanzar en un templo masónico, se encuentran siete escalones previos para subir a oriente, el número siete genera una serie de aspectos que se relacionan directa o indirectamente con la masonería, podría ser una logia perfecta, la edad masónica en uno de los grados superiores, los días de la semana, lo que duro la creación bíblica del mundo, el número de colores del arco iris el número de pecados capitales entre otros.

En el centro del templo se encuentra el Ara que es una especie de altar masónico, representa el vínculo que tienen los masones con el creador durante los trabajos de una logia, también se relaciona con el motor inmóvil del que hablo Aristóteles.  Al llegar al fondo de un templo, lo que se denomina Oriente.

En este lugar es el sitial más alto, esta elevado con propósito mostrar la dignidad del Venerable Maestro que es quien preside la logia, puede observar y ser visto por todos los miembros del taller.  Las velas pueden ser tres o seis según la ocasión, sirven para iluminar los secretos, están en el Ara la escuadra, compás y el volumen de la ley sagrada, en Oriente el Sol y la Luna.

Las Columnas que sostienen la Logia está integrada por los Aprendices, Compañeros y Maestros, cada uno aporta conforme a su grado de conocimiento y nivel de compromiso con la masonería; en esencia es una manera de vivir.

Los templo son alegorías a la naturaleza humana, el nazareno al mencionar en el pasaje bíblico que destruiría el templo y lo reconstruiría en tres días se refería a su cuerpo, Leonardo Da Vinci muestra en el hombre Vitruvio que el hombre es la medida de todas las cosas. Los templos antiguos, los lugares de iniciación y los rituales que se practican, fueron diseñados conforme a las necesidades de los seres humanos. Zeldis, L. (2024).

En la actualidad la masonería tiene un carácter especulativo, los templos en donde sesionan son resultado de esas transiciones de operativos a especulativos, la masonería especulativa adopta las herramientas del arte de la construcción como símbolos a los que les da un significado espiritual. Las herramientas utilizadas por los masones operativos, en su momento tuvieron un uso material y un sentido espiritual. En este contexto el mobiliario masónico cobra vida en la decoración de la Logia, complementado con los agradables olores que emanan de los inciensos que se utilizan en sus ceremonias, pues los buenos aromas despiertan el egregor masónico.

# EL ARA DEL MUNDO PROFANO A LA MASONERIA

El termino Ara viene del latín Ara o Araus, que significa altar o piedra de sacrificios, es importante recordar que los pueblos de la antigüedad utilizaron piedras para hacer sus ofrendas a los dioses, con el paso del tiempo se erigen altares más elaborados, un altar es una estructura elevada sobre el nivel del piso, dedicada a algún culto, que se realiza en forma de ofrendas, sacrificios y plegarias.

La estructura de un Ara puede ser una construcción sencilla o soberbia con pretensiones de eternidad, pero, en cualquier caso, es el medio del que se ha valido el hombre, desde las épocas más remotas, para manifestar su fe y su esperanza; el Ara es un lugar de veneración y respeto de lo que los seres humanos consideran superior a ellos. Zeldis, L. (2024).

Para el historiador Heródoto, los egipcios se encuentran entre las primeros civilizaciones que erigieron altares a sus deidades. Posteriormente, las distintas culturas hacen lo mismo, los judíos edificaron dos tipos de altares, un altar interior utilizado para las ceremonias que involucraban el uso del incienso, y otro altar exterior destinado al sacrificio y holocausto, este se erigía en campo abierto, ubicado al aire libre en un campo situado enfrente del templo. El uso del Ara con propósitos espirituales es incorporada por la masonería en sus ceremonias, de manera parecida a lo que hicieron las antiguas culturas en el mundo profano introduciéndose en sus rituales conforme a sus usos, prácticas y costumbres. Guenón, R. (2014).

Según el diccionario masónico, el Ara es la mesa consagrada para recibir los juramentos y promesas, utilizada para depositar en ella el libro de la ley y los atributos del grado en que se trabaja. El Ara es el altar de los Juramentos y es el eje central de las ceremonias masónicas, es el lugar en donde se ejecutan los actos ordinarios, extraordinarios y solemnes de la masonería. Es uno de los principales símbolos de la orden, imprescindible en toda logia masónica, sobre ella están las  grandes luces de la masonería, el volumen de la ley, la escuadra y el compás.

El Ara es el elemento central del templo masónico, es un símbolo que tiene un importante significado filosófico y espiritual, es la esencia de la tradición masónica, es el lugar sagrado de la fraternidad y representa la conexión con la divinidad. Es un altar donde se realizan ceremonias y rituales significativos para los masones, el Ara marca el camino para la búsqueda de la verdad y la iluminación espiritual.

Se sitúa en la parte central del templo masónico, constituye el centro de unión espiritual en la vida masónica. Su posición refleja la centralidad de la búsqueda espiritual en la vida de un masón. Los objetos simbólicos que están encima del Ara, el libro de la ley o de la luz, el compás y la escuadra, constituyen una guía para actuar conforme al canon, medir sus actuaciones y vivir con rectitud. El Ara simboliza la unidad espiritual y la trascendencia de la experiencia humana encaminada hacia lo divino. Guenón, R. (2014).

El Ara es un obligado punto de referencia para la búsqueda que hace el masón de la verdad. En algunos templos masónicos el Ara contiene como volumen de la ley una Biblia. La Biblia ubicada encima del Ara simboliza la importancia que tiene lo espiritual en la vida masónica de los miembros de la orden. Para los masones, la Biblia es un libro sagrado que contiene principios morales y éticos que sirven de guía a las acciones de un masón.

La función de la Biblia en el Ara es simbólica, se utiliza durante ceremonias y rituales para enfatizar en la importancia que tiene la búsqueda de la verdad y la adhesión a principios morales elevados. No obstante, es importante tener presente que la masonería es inclusiva y respetuosa de las creencias religiosas, permite que cada masón preste juramento sobre el libro sagrado que tiene especial significado espiritual para él, sea el Talmud, el Corán, la Biblia o cualquier texto religioso. La masonería acoge la pluralidad de creencias que se presentan a su interior, sin embargo, en las logias se debe ser prudente frente a temas políticos y religiosos. Guenón, R. (2014).

La inclusión de diversos textos considerados sagrados, como la Torá o el Corán en el Ara de un templo masónico, dependerá de la diversidad religiosa presente en los miembros de la logia. La masonería, en su esencia, es inclusiva y tolerante de las diversas creencias religiosas. Algunos templos masónicos optan por incluir además de la Biblia otros textos sagrados. Algunos templos masónicos, además de los textos religiosos incluyen la constitución de su país en el Ara. Este acto simboliza el compromiso masónico con los principios cívicos y el ejercicio de la ciudadanía, destacando la importancia de respetar las leyes de la sociedad.

Colocar en el Ara la constitución política de una nación refleja su compromiso patriótico con esta, la variedad de libros sagrados son expresión de la diversidad de rituales, interpretaciones y prácticas que deben coexistir armónicamente dentro de la masonería, así como le grado de adaptabilidad que debe tener la orden frente a la existencia de diferentes contextos socioculturales. El Ara para los masones es un símbolo que refleja el pensamiento, filosofía y espiritualidad de la tradición masónica, un recordatorio de la búsqueda constante que hace el masón de la verdad mediante el desarrollo de una vida en rectitud.

# EL MANDIL PRENDA QUE DISTINGUE AL MASON

Una de las prendas características de la masonería, es el mandil hecho principalmente de piel de cordero, es un símbolo que tiene un fuerte vínculo para los masones y genera una comunión espiritual entre hermanos en la orden. Con el mandil se inviste a los iniciados en una ceremonia masónica, constituye el recuerdo del primer presente que se le entrega al recipiendario, es uno de los primeros símbolos sobre los que se instruye el aprendiz.

Sin importar lo que se logre avanzar en el camino iniciático, para la masonería el mandil está en primer orden de importancia. Pueden cambiar algunas de las formas y ornamentos, sin embargo, el mandil siempre será parte imprescindible de la vestimenta que debe portar todo masón, si no se está debidamente vestido con el mandil no se podrá ingresar a un templo masónico. Guenón, R. (2014).

El mandil en sus inicios era una piel, que colgaba de la cintura del artesano, la cual tenía como función proteger los órganos vitales de los obreros que lo portaban, se trataba de protegerlos de daños potenciales a los que podían estar expuestos, en la actualidad el mandil protege al masón de las malas energías.

Las primeras civilizaciones usaron el mandil como símbolo místico, los israelitas utilizaron el cíngulo o ceñidor que formaba parte de la vestidura del sacerdote, los mithas de Persia y los esenios de Judea investían al candidato a ser iniciado en sus misterios con un mandil blanco, pues, es el color que simboliza la pureza. El mandil debe ser de piel de cordero, considerado desde la antigüedad emblema de castidad. Guenón, R. (2014).

Se le decía al neófito en los antiguos ritos de iniciación durante su investidura con el mandil, que por la piel del cordero se le recordaba la pureza de la vida y la rectitud de su conducta, valores que se deben poseer para poder ser admitido en la sublime logia celestial, en donde el supremo Arquitecto del Universo dirige los trabajos.

El mandil es una túnica necesaria para trabajar en el taller de la vida y poder construir el templo interior, se asemeja a un sobre de correo, la solapa superior es una figura triangular, simboliza igual que el compás el espíritu. La parte inferior es rectangular, simboliza lo mismo que la escuadra lo material, reflejo de la naturaleza inferior. El mandil representa, en su parte baja rectangular, el ser inferior es la piedra a pulir.

El mandil tiene una línea que une el triángulo superior de la solapa con el rectángulo inferior, representa la línea que articula los centros superiores con los inferiores del cuerpo humano, a nivel psíquico, la frontera entre lo superior y lo inferior que se conecta con la mente humana.

En el mandil la línea inferior del triángulo superior equivale a la mente abstracta. Mientras que la línea del rectángulo coincide con la parte inferior del triángulo en el mandil, representa la mente razonadora, ambas mentes están articuladas. Como se ha venido indicando el mandil es una de las prendas más importantes que utilizan los masones en sus ceremonias, constituye un símbolo que a través de los tiempos ha generado un fuerte vínculo y cohesión entre los masones.

# LA LOGIA SIGNIFICADO Y TIPOLOGIA

La etimología del vocablo logia tiene una historia bastante interesante, pues, tiene varios orígenes, según el primero llega a nuestra lengua proveniente del italiano loggia que significa galería, también deriva de los términos loge, lodge o logiaun; el segundo origen se ubica en el griego λόγος (logos) defensa, argumentación, verbo o palabra. Un tercer origen proviene de la tradición masónica según la cual logia proviene del sánscrito loká que significa local, lugar, localidad y mundo.

Se utilizan las expresiones Gran logia o Gran Oriente para referirse a la denominación administrativa macro, a un nivel más general de una organización masónica, está constituida por un mínimo de tres logias masónicas constituye una obediencia o potencia masónica, que gobierna en un país, región o provincia.

La logia es la organización administrativa, básica y espiritual de la masonería, debe estar compuesta por al menos siete maestros masones, una logia también se asume como el espacio físico en el que se reúnen los masones y es la denominación que recibe, dado que en el nombre de una logia siempre ira acompañado de esta palabra. Hay una tipología en cuanto a lo que masónicamente se relaciona con logia, las diferentes logias masónicas se caracterizan por tener un nombre y un número otorgado por la obediencia a la que pertenece, sea una Gran Logia o un Gran Oriente.

La Logia madre es la denominación con que los masones designan a la logia en la cual vieron la luz o dieron comienzo a su carrera masónica, dado que se pudo comenzar en una determinada logia y posteriormente pasar por diversas circunstancias a trabajar en otras. El escritor Rudyard Kipling dedico un poema a su logia madre titulado The mother lodge, los masones se consideran hijos de su logia madre lo cual genera un sentimiento especial como lo expresa el poema de Kipling.

Las Logia azules o simbólicas es el nombre de las logias que trabajan en los tres primeros grados de la masonería, es decir, en la masonería azul: aprendices, compañeros y maestros. Organizaciones logiales de altos grados operan de los grados cuarto en adelante según el rito que practica, es una formación complementaria dirigida a maestros, los temas que estudian y las actividades que realizan son de carácter filosófico.

Logia de investigación es aquella que indaga sobre temas masónicos, los resultados obtenidos se publican en libros o revistas, sus miembros suelen ser exclusivamente maestros masones. Logia de instrucción es aquella que estudia temas masónicos con fines formativos, profundiza en temas relativos a los diversos grados del simbolismo. También puede darse en el rito escoces u otro similar. Ariza, F. (2007).

Logia bajo la bóveda celeste, son logias que sesionan al aire libre, o un lugar distinto a un templo masónico, no pertenecen a ninguna obediencia masónica (Gran Logia o Gran Oriente). Las logias regulares están compuestas por siete maestros masones, se consideran logias perfectas cuando cumplen con esta regla. Logias simples y justas están compuestas por cinco maestros masones solo se utilizan para trabajos internos de las logias. Los triángulos masónicos son estructuras especiales estructuradas para fortalecer mediante es estudio el trabajo masónico, depende administrativamente de otra logia debidamente constituida. También existe la logia de ocasión o accidental que se constituye para tratar determinados asuntos en particular.

Como se ha venido indicando la expresión logia no tiene un origen claro, físicamente es una galería exterior, techada y abierta por delante, formada por columnas que soportan arquitrabes; la logia corresponde al edificio anexo al que se construía y era el lugar donde se reunían los miembros del gremio de canteros que trabajaban en la obra. Aunque, no existen evidencias concluyentes sobre estos orígenes. Lo que sí se puede concluir es que la palabra logia para el masón se relaciona con el espacio físico en donde fluye la palabra, también es el escenario en donde se conecta lo terrenal con lo espiritual.

# EL SENTIDO DE LOS GRADOS EN MASONERIA

La masonería está estructurada en diversos grados conforme a los distintos ritos que se practican, el grado masónico que posee un masón, es resultado de un esfuerzo constante que evidencia sus avances en el plano personal y los niveles de conocimientos logrados.

Un rito es una especie de sistema formativo que expresa las maneras particulares en que se practica la masonería, a su vez los ritos están organizados por grados, que responden a etapas del conocimiento, en donde se ha aprendido sobre símbolos, signos, toques e información que responde a la búsqueda que hace el masón. Ariza, F. (2007).

Los tres grados del simbolismo en la masonería actual, provienen de masonería especulativa que surge en el siglo XVIII, se basan en la manera como estaban organizados los gremios de constructores. La palabra masón es tomada del francés y significa cantero o albañil, los primeros masones fueron los constructores de las catedrales medievales, esto corresponde a un periodo inicial en la historia masónica denominado masonería operativa, que estaba integrada por gremios de diversos oficios constituidos por aprendices, oficiales y maestros.

El origen de los tres grados del simbolismo se sitúa en la masonería operativa, también se les denomina de la masonería azul, esta estructura administrativa es similar en los diversos tipos de logia, comprende los grados: primero aprendiz; segundo compañero y tercero maestro., a continuación se hablará en detalle de cada uno.

El grado de aprendiz es el primero del simbolismo, tiene una gran influencia de la tradición bíblica judeocristiana se basa en el libro bíblico de Rut, en las ceremonias iniciáticas del grado el neófito está semidescalzo y camina vendado, pues, así debe estar el recipiendario en su ceremonia de iniciación, es un requisito para ingresar, es la puerta de entrada a la masonería, en este grado al aprendiz le explican sus obligaciones, le entregan diversos documentos masónicos y el manual del aprendiz, finalmente se le enviste con su mandil. Otaola, J. (2013).

El segundo grado del simbolismo es el de compañero, el paso a este grado se denomina aumento de salario, para la masonería cada persona es un templo, la ceremonia marca el paso de aprendiz a compañero, lo cual indica que tiene los méritos para ascender pues ha ido avanzando en el pulimento de su piedra bruta; en la simbología de este grado se encuentra la rama de trigo, que representa el mundo antiguo que lega los conocimientos arcanos.

Las herramientas que le son entregadas durante el aumento de salario se utilizaran para probar y calibrar. La regla de medición significa que tiene licencia de hacer la obra; el nivel se relaciona con la restricción de las pasiones, y la escuadra representa la habilidad del masón para actuar con rectitud.

El Maestro corresponde al tercer grado del simbolismo, se relaciona con nivel de conciencia, espiritualidad y muerte, el paso al tercer grado se hace mediante la celebración de una ceremonia especial llamada exaltación al sublime grado de Maestro.

Entre los símbolos propios de este grado está la rama de acacia, la cual representa el renacer en la vida de las personas. En esta ceremonia, se hace una representación alegórica de la muerte de Hiram Abif, arquitecto constructor del templo de Salomón a manos de tres personajes Jubelas, Jubelos y Jubelum, representa morir y resurgir por sí mismo. Ariza, F. (2007).

Hiram Abif es levantado de ella, y el nuevo maestro renace como una nueva persona, la muerte y resurrección de Hiram Abif se desarrolla en un sicodrama de cuatro pasos que comprende recepción, muerte, acostamiento y levantamiento como una nueva persona.

Las herramientas entregadas al nuevo maestro son el lápiz para los trazados que es el símbolo de la creatividad, el cordel y el compás, herramientas utilizadas para el diseño, que representan el entendimiento por parte del maestro de las leyes fundamentales. El compás sirve para mantener balanceadas las otras dos herramientas. A partir del cuarto grado, cada rito masónico tiene su respectiva categorización de grados.

# EL TEMPLO DEL REY SALOMON

Denominado el Kotel por los judíos, es el primer templo del rey Salomón o templo de Salomón como es conocido en los relatos bíblicos, estaba ubicado en la ciudad de Jerusalén se construyó durante el reinado de Salomón aproximadamente en el año 957 a. C. En este escrito se van a explorar sus aspectos generales y relaciones con la masonería.

El Templo de Salomón fue destruido en el 586 a. C. por el rey babilónico Nabucodonosor II, quien esclavizó a los judíos y los llevó cautivos a Babilonia, aunque son hechos históricos la destrucción del templo y la deportación del pueblo judío a Babilonia, en la tradición judeocristiana se consideran resultados de profecías bíblicas. Ariza, F. (2007).

En el Antiguo Testamento se describe cómo el Rey David padre de Salomón, unió a las tribus israelitas, conquistó Jerusalén y llevo el Arca de la alianza a esa ciudad. David elige el monte Moriah en Jerusalén como lugar donde estará ubicado el templo que albergará en su interior el Arca de la alianza.

Dios no le permite a David construir el templo, pues había derramado sangre. En su lugar, su hijo Salomón lo edifica y coloca el Arca de la alianza en un lugar especial llamado el Sanctasanctórum, que era la sala más protegida del templo, no tenía ventanas y era la zona más sagrada del Templo.

Se creía que el Sanctasanctórum era el lugar donde estaba la presencia de Dios, solo el sumo sacerdote tenía la autoridad para entrar en la sala, lo hacia una vez al año en el día de la expiación, llevaba como sacrificio la sangre de un cordero y quemaba incienso.

Según la Biblia, el Templo además de ser un edificio religioso, era un lugar de reunión para los hebreos. Cuando los judíos cautivos en Babilonia regresaron reconstruyeron el templo de Salomón, se le llamó segundo templo el cual no tenía el Arca de la alianza, pues esta desaparece durante la invasión babilónica. Ariza, F. (2007).

Existen dudas sobre la veracidad de los relatos bíblicos, dado que no se ha encontrado ninguna evidencia que pruebe la existencia del templo de Salomón, además el templo no es mencionado en los relatos de los libros considerados apócrifos, se sabe de la presencia de una estructura ritual en el Monte Moriah para la época de la conquista babilónica de Jerusalén, pero al parecer no era el templo de Salomón.

Algunos estudiosos consideran que la inscripción encontrada en un fragmento de cerámica conocido como Óstracon, que data del año 600 a. C., hace referencia al Templo de Jerusalén. Esta sería la única corroboración extrabíblica sobre la existencia del templo de Salomón encontrada.

En la literatura antigua hebrea, las fuentes rabínicas, afirman que el primer templo de Salomón estuvo en pie durante 410 años, para estos cálculos se basan en la obra Seder Olam Rabbah escrita en el siglo II, ubican conforme a esta línea de tiempo la construcción en el año 832 a. C. y la destrucción en el 422 a. C. 165 años más tarde que otras estimaciones. Ariza, F. (2007).

El historiador judío Flavio Josefo afirma que el templo fue quemado cuatrocientos setenta años, seis meses y diez días después de su construcción, que fue sustituido posteriormente por el segundo templo en el año 516 a. C. Sin embargo, no hay claridad sobre la ubicación exacta del templo, se cree que estaba ubicado entre la colina que constituye el emplazamiento del segundo templo del siglo I y el monte Moriah en donde se encuentra la Cúpula de la Roca.

El templo en sus inicios era lugar de adoración de otros dioses como Astarot diosa de la fertilidad y el amor sexual, ella fue una deidad principal para los cananeos, este culto se practicó hasta el reinado del rey Josías de Judá. El culto a Baal se agrega como deidad desde el reinado de Manasés hasta Josías, durante la monarquía unida el templo estuvo dedicado a Yahveh, el Dios de Israel.

Para Francesca Stavrakopoulou profesora de la Universidad de Exeter, Astarot era la consorte de Yahveh, por lo que era adorada junto a él. Según Richard H. Lowery profesor de Biblia hebrea en Lexington, Yahveh y Astarot encabezaban un panteón junto a otros dioses de Judea que eran adorados en el templo. Cirlot, J. (2006).

La Biblia en el capítulo 23 de la segunda de Reyes, explica que en el momento de la adoración a Yahve los creyentes en el templo miraban hacia el este y se inclinaban hacia el Sol, esta descripción también aparece en el capítulo ocho de Ezequiel.

Estudiosos de la Biblia, como Margaret Barker quien ha investigado sobre el cristianismo antiguo, afirman que la existencia de ceremonias en donde se hace reverencia al Sol, evidencia la presencia de un culto solar, que pudo ser legado de un antiguo culto jebuseo anterior a Zedek, posiblemente un Yahwismo centrado en el astro rey. Ariza, F. (2007).

El Tanaj o Mikrá es un conjunto de veinticuatro libros canónicos, los cuales son sagrados para el judaísmo. En el Tanaj se afirma que el Templo de Salomón albergaba en su interior el Arca de la Alianza, que contenía los diez mandamientos y que fue trasladada de Kiriath Jearim para la época la ciudad más importante de los gabaonitas situada 15 kilómetros al oeste de Jerusalén, estuvo en esta ciudad antes de ser trasladada al templo de Salomón en Jerusalén.

Los estudiosos de la Biblia como Finkelstein consideran que la historia del arca fue escrita de manera independiente, posteriormente fue incorporada a los textos bíblicos, que esto aconteció antes de la cautividad del pueblo judío en Babilonia. Las pruebas arqueológicas evidencian que el arca pudo contener en sus orígenes el culto a dioses paganos y que permaneció en Kiriath Jearim durante mucho tiempo, probablemente hasta antes de la conquista de Babilonia.

Israel Finkelstein es un investigador que ha realizado sus estudios con el apoyo del Instituto Bíblico y Oriental, es una figura reconocida en el plano internacional como arqueólogo, es catedrático emérito y director del Instituto Arqueológico de la Universidad de Tel Aviv, autor de obras de referencia obligada en el tema del Arca de la Alianza, ha explorado arqueológicamente el sitio de Kiriath-Jearim.Ariza, F. (2007).

Los textos bíblicos relativos a la construcción del templo del rey Salomón son los documentos por los que se guía la masonería, en ellos se indica en el libro segundo de Samuel, que Hiram I, rey de la ciudad-estado fenicia de Tiro, se convierte en aliado de David tras la conquista de Jerusalén.

La amistad continúa con Salomón después de que este sucede al rey David, en los textos bíblicos de los capítulos cinco a nueve de la primera de Reyes, al igual que los capítulos dos a siete de la segunda de Crónicas, se hace un relato detallado sobre cómo Hiram ayuda a Salomón en la construcción del Templo.

Hiram suministra maderas representadas en cedros y cipreses del Líbano para la construcción del Templo, informa a Salomón que enviará las maderas por mar, en el libro primero de reyes se dice: os convertiré en balsas para que vayan por mar al lugar que me indiques, también, le envían a un hábil artesano de Tiro llamado Hiram Abif, para que supervise la construcción del Templo. Cirlot, J. (2006).

Los canteros de Gebal o Biblos cortan las piedras que requiere el Templo, según se menciona en la primera de Reyes, los cimientos del Templo se colocan en Iyar, que corresponde al segundo mes del cuarto año en el reinado de Salomón, la construcción del templo se completa en Jeshván, en el octavo mes del onceavo año de Salomón, estos cálculos indican que la construcción de este duro unos siete años.

La Biblia en el libro segundo de Crónicas muestra detalles sobre la construcción del templo que no aparecen en la versión de la primera de Reyes, pues, afirma que las maderas enviadas fueron trasladadas a la ciudad de Jaffa ubicada en la costa mediterránea, además, que en contraprestación el rey Salomón envió trigo, aceite y vino a Hiram. Cirlot, J. (2006).

En cuanto al traslado del Arca de la Alianza, en los capítulos ocho de la primera de Reyes y cinco de la segunda de Crónicas, se registran que en el séptimo mes del año Tishréi, en la fiesta de los Tabernáculos, los sacerdotes y levitas trajeron el Arca de la Alianza desde la ciudad de David y la colocaron en el Sanctasanctórum del templo de Salomón.

En los capítulos ocho de la primera de reyes y seis de la segunda de crónicas, se hace un relato de la ceremonia de la dedicación del templo, se explica que cuando los sacerdotes salieron del lugar santísimo después de colocar el Arca allí, el Templo se llenó de una nube abrumadora, que interrumpió la ceremonia de dedicación, porque la gloria del Señor había llenado el sagrado lugar. Salomón interpretó la nube como una evidencia de que su obra había sido aceptada por el Señor, quien ha dicho que habitará en la espesa oscuridad.

Salomón coloco entonces a toda la asamblea de Israel en oración, señalando que la construcción del templo representaba el cumplimiento de la promesa de

Dios a David, dedicando el templo como lugar de oración y reconciliación para el pueblo y para los extranjeros que vivían en Israel, destacando que Dios, que vive en los cielos, no puede estar realmente contenido en un único edificio. Cirlot, J. (2006).

Después de la dedicación, Salomón oye en un sueño que Dios ha escuchado su oración, y que Dios seguirá escuchando las oraciones del pueblo de Israel si adoptan las cuatro formas en las que podrían mover a Dios a actuar: humildad, oración, búsqueda de su rostro y alejamiento de los malos caminos. Por el contrario, si se apartan, abandonan los mandamientos de Dios y adoran a otros dioses, entonces Dios abandonará el templo: «esta casa que he santificado para mi nombre la echaré de mi vista». Ariza, F. (2007).

En cuanto a la arquitectura relacionada con el diseño del Templo, la fachada exterior era blanca, el pórtico era azul y que el Sanctasanctórum que contenía el Arca de la Alianza era de color rosa. Se considera que el Templo de Salomón fue construido en un estilo similar a los templos fenicios.

Las descripciones que se hacen del templo en el Tanaj son las fuentes que facilitan reconstruir como fue su aspecto original. Los detalles técnicos son escasos, pues, los escribas no eran arquitectos, estas descripciones han servido de inspiración para hacer réplicas modernas. Cirlot, J. (2006).

Para los arqueólogos la descripción que se hace en la Biblia del Templo de Salomón lo asemeja a un edificio de carácter rectangular más largo que ancho, que consta de tres grandes partes: la primera es el ulam o pórtico, la segunda es el heikal o tabernáculo y la tercera es el debir o Sanctasanctórum, sigue una línea recta que va desde la entrada hasta el santuario.

Las descripciones bíblicas no aclaran si el pórtico era una habitación cerrada, una entrada techada o un patio abierto, por lo que no se sabe si los pilares eran elementos independientes o estructurales incorporados al pórtico. Si se construyeron en el pórtico, podría indicar que el diseño estuvo influenciado por templos similares de Siria e incluso de Turquía, sede del antiguo imperio hitita. Cirlot, J. (2006).

Aunque la mayoría de las reconstrucciones del templo presentan los pilares como elementos independientes, Yosef Garfinkel y Madeleine Mumcuoglu consideran probable que los pilares sostuvieran un techo sobre el pórtico que conducía a la heikal, cámara principal y santuario.

Medía cuarenta codos de largo, veinte de ancho y treinta de alto, contenía un candelabro, una mesa y un altar recubierto de oro que se utilizaba para las ofrendas. En el santuario se dejaban panes como ofrenda a Dios. En el extremo del santuario había una puerta de madera, custodiada por dos querubines, que conducía al Sanctasanctórum. Ariza, F. (2007).

Las paredes del tabernáculo estaban revestidas de cedro, sobre el que se habían esculpido figuras de querubines, palmeras y flores abiertas recubiertas de oro, del Sanctasanctórum lo separaban unas cadenas de oro.

El suelo del Templo era de abeto recubierto de oro, los postes de la puerta, de madera de olivo, sostenían puertas plegables de abeto. Las puertas del Sanctasanctórum eran de madera de olivo. En ambos conjuntos de puertas había tallados querubines, palmeras y flores, todo ello recubierto de oro. El edificio principal estaba entre el altar exterior, donde se realizaban la mayoría de los sacrificios y el interior, en el extremo más alejado, estaba la entrada al Sanctasanctórum, que contenía el Arca de la Alianza.

El hekhal principal contenía una serie de objetos rituales sagrados, como el candelabro de siete brazos, un altar de incienso de oro y la mesa del pan de la proposición. Según 1 Reyes 7:48, estas mesas eran de oro, al igual que los cinco candelabros situados a cada lado del altar. También eran de oro las jofainas, los apagafuegos, los braseros e incluso las bisagras de las puertas. Cirlot, J. (2006).

El Sanctasanctórum, tenía veinte codos de largo, ancho y alto, el suelo estaba revestido con cedro del Líbano, las paredes estaban recubiertas de oro, que equivalían a seiscientos talentos, es decir, unas veinte toneladas métricas, tenía dos querubines con las alas extendidas hechos en madera de olivo, cada querubín media diez codos de altura, estaban uno al lado del otro, las alas tocaban la pared y se unían en el centro de la habitación, había una puerta recubierta de oro; también un velo de tekhelet azul, no tenía ventanas y era consideraba la morada del nombre de Dios.

Las cámaras circundantes alrededor del templo se construyeron en los lados norte, sur y oeste (1 Reyes 6:5-10). Formaban parte del edificio y servían de almacén, al principio tenían un piso, pero es posible que posteriormente se añadieran dos más. Cirlot, J. (2006).

En la Biblia, se relata que el Templo estaba rodeado de dos atrios, el patio interior (1 Reyes 6:36), o patio de los sacerdotes (2 Crónicas 4:9), estaba separado por un muro de tres hileras de piedra labrada, coronado por vigas de cedro (1 Reyes 6:36).

También contenía el altar de los holocaustos (2 Crónicas 15:8), la fuente de bronce y había diez fuentes más (1 Reyes 7:38, 39). Delante del Templo había un altar de bronce (2 Reyes 16:14), cuyas dimensiones eran de 20 codos cuadrados y 10 codos de altura (2 Crónicas 4:1). El gran patio rodeaba todo el templo (2 Crónicas 4:9). En él se reunía la gente para rendir culto. (Jeremías 19:14; 26:2).

Según la Biblia hebrea, el mar de bronce (ים מוצק mar de metal fundido) era un gran cuenco que estaba en el Templo para la ablución de los sacerdotes. Se relata en primera de Reyes 7:23-26 y en segunda de Crónicas 4:2-5, que se encontraba en la esquina sureste del patio interior.

El Libro de los Reyes afirma que contiene 2.000 baños, mientras que Crónicas (2 Crónicas 4:5-6) dice que puede contener hasta 3.000 baños y afirma que su propósito era permitir la purificación por inmersión de los sacerdotes.

El hecho de que se tratara de un cuenco-lavabo demasiado grande para entrar desde arriba hace pensar que el agua probablemente fluyera desde él hasta un contenedor situado debajo. El agua fue suministrada originalmente por los gabaonitas, pero posteriormente fue traída por un conducto desde las piscinas de Salomón. Cirlot, J. (2006).

El Mar fundido era de latón o bronce, que Salomón había tomado de las ciudades capturadas a Hadad-ezer rey de Sobá (1 Crónicas 18:8). Posteriormente, Acaz retiró este lavatorio de los bueyes y lo colocó sobre un pavimento de piedra (2 Reyes 16:17) que fue destruido por los caldeos. (2 Reyes 25:13)

Fuera del templo había diez pilas, cada una de las cuales contenía cuarenta baños (1 Reyes 7:38), que descansaban en soportes portátiles hechos de bronce, provistos de ruedas y ornamentados con figuras de leones, querubines y palmeras. El autor de los Libros de los Reyes describe sus detalles con gran interés (1 Reyes 7:27-37). Flavio Josefo en su obra antigüedades judías dice que los vasos del templo estaban compuestos de oricalco recubierto de oro

Debido a la situación política de la tierra santa, desde la expedición de Charles Warren de 1867-1870 no se han llevado a cabo excavaciones arqueológicas en el monte del templo. No hay pruebas arqueológicas que demuestren la existencia del templo de Salomón.

Israel Finkelstein y Neil Asher Silberman sostienen que el primer templo judío de Jerusalén se construyó a finales del siglo VII a. C., unos trescientos años después de Salomón, creen que el templo no debería asignarse realmente a Salomón, a quien ven como una figura poco importante, y sostienen que es más probable que lo construyera Josías, quien gobernó Judá del 639 al 609 a. C.

A continuación se mencionan diversas fuentes que se encontrado a lo largo del tiempo, en donde se menciona el primer templo en Tel Arad se descubrió un óstracon excavado antes de 1981, es un óstracon de la Casa de Yahvé que data del siglo VI a.C. en donde se menciona un templo que podría ser el de Jerusalén.

En una pequeña granada de marfil, encontrada en 1979, aparece una inscripción en hebreo que habla de una donación sagrada para los sacerdotes de la casa del templo, al parecer adornaba un cetro utilizado por el sumo sacerdote en el templo de Salomón.

Se consideraba el objeto más importante de las antigüedades bíblicas que están en la colección del Museo de Israel. Sin embargo, en 2004, la autoridad de antigüedades de Israel informó que la inscripción era una falsificación, la granada de marfil data realmente del siglo XIV.

Se demostró que una de las letras fue tallada antes de la antigua ruptura y el estatus de las otras dos letras está en duda. Los paleógrafos insisten en que la inscripción es antigua, otros lo discuten, por lo que la autenticidad de esta pieza arqueológica sigue siendo objeto de discusión. Cirlot, J. (2006).

Otro artefacto, la inscripción de Jehová encontrada en el 2003, contiene una descripción de 15 líneas sobre la restauración del templo en el siglo IX a.C. Su autenticidad fue puesta en duda por un informe de la autoridad de antigüedades de Israel, que afirmó que la pátina de la superficie contenía microfósiles de foraminífera.  Como estos fósiles no se disuelven en el agua, no pueden aparecer en una pátina de carbonato de calcio, lo que llevó a los investigadores iniciales a concluir que la pátina debía ser una mezcla química artificial aplicada a la piedra por falsificadores. Ariza, F. (2007).

En 2006, el proyecto cribado monte del templo ha recuperado numerosos artefactos que datan de los siglos VIII a VII a. C. de la tierra retirada en 1999 por el Fondo Religioso Islámico (WAQF) en la zona que correspondió a los establos de Salomón en el monte del templo. Entre estos objetos se encuentran pesas de piedra para pesar la plata y una impresión de sello del periodo del primer templo.

En 2007, los artefactos fechados entre los siglos VIII y VI a. C. fueron descritos como las primeras pruebas físicas sobre actividad humana en el Monte del Templo durante el periodo del primer templo. Los hallazgos incluían huesos de animales, cuencos de cerámica, fragmentos de cuerpos, la base de una jarra utilizada para verter aceite, el asa de una jarra pequeña y el borde de una jarra de almacenamiento.

Desde finales de 2012, la comunidad académica está dividida en cuanto a la autenticidad de la lápida. Un informe de geólogos realizado en 2012 defiende la autenticidad de la inscripción, Hershel Shanks afirma que la situación actual es que la mayoría de los estudiosos de la lengua hebrea consideran que la inscripción es una falsificación, mientras para los geólogos es genuina, por tanto hay un conflicto irresoluble entre expertos en este caso. La Biblical Archaeology Review no ha tomado posición con respecto a la autenticidad de la inscripción de Jehová.

Objetos encontrados junto al Monte del Templo en 2018 y unos años antes, durante las excavaciones realizadas bajo el Arco de Robinson, al pie del Monte del Templo, se encontraron dos pesas de piedra del periodo del Primer Templo utilizadas para pesar donaciones del templo de medio siclo.

Los diminutos artefactos, que llevan inscrita la palabra beka, conocida por contextos relacionados en la Biblia hebrea, se utilizaban para pesar piezas de plata en una balanza, posiblemente en el mismo lugar donde fueron desenterrados. Sobre el templo del rey Salomón queda abierto el debate en cuanto a su existencia real, lo que es incuestionable es el valor espiritual que le asignan la masonería y las religiones como el islamismo, judaísmo y cristianismo.

## LA MIRADA QUE MIRA

La mirada que mira se inspira en el ojo que todo lo ve tiene una historia y particularidades interesantes, se encuentra presente en la simbología de los templos masónicos y cristianos esparcidos por el mundo, a manera de ejemplo está en la fachada del Templo Masónico de Santa Cruz de Tenerife en España (Guenon, 2014), en la iglesia de san Pedro Apóstol en Estado de México, en varios sellos y billetes de los Estados Unidos de América, en la Catedral de Aquisgrán en Alemania, en la Declaración de los Derechos del Hombre y del Ciudadano promulgados en 1789.

También se le conoce como el Ojo de la providencia, fue un símbolo usado por cristianos a partir del siglo XVII, el ejemplo más temprano es el de la pintura del pontormo en el año 1525 que lo muestra al fondo arriba en la pintura como una imagen que complementa la cena en Emaús, aunque el símbolo fue dibujado después, en los años 1600, con el tiempo la masonería incorpora este símbolo, que expresa el principio de la manifestación misma de la divinidad y de su omnipresencia, mostrando que el creador está en todas partes, (Guenon, 2014).

El símbolo se ha utilizado con diversos sentidos religiosos, mágicos y es parte del simbolismo masónico. El ojo que todo lo ve comparte la simbología básica del ojo en cuanto relacionado con la vista, la luz, la sabiduría y el espíritu, (Cirlot, J. 2006) su historia está relacionada con la utilización de esta simbología dentro de las religiones históricas y las mitologías antiguas.

El ojo que todo lo ve está presente en la mitología egipcia, el dios Seth asesinó a su hermano Osiris para evitar que tuviese más descendencia y poder apoderarse del trono real. Sin embargo, Isis dio a luz en secreto a Horus, hijo de Osiris, conservándolo oculto para protegerlo y evitarle la muerte a manos de su tío.

Cuando Horus hubo crecido, retó a su tío Seth buscando la venganza de su padre asesinado, la pelea no terminó hasta que los dioses intervinieron y entregaron el trono a Horus, quién perdió su ojo derecho en esta batalla. Mientras tanto a Seth se le encomendó la tarea de sustituir el ojo dañado de Horus, según una versión, mientras que otra señala que el ojo fue restituido por el dios Toth escupiendo sobre él. (Erman, A.1907, pp.34,35) Horus decidió honrar a su padre dándole de comer el ojo recuperado, con lo que Osiris cobro vida nuevamente en una ceremonia presidida por Horus, Tot y Anubis. (Richard, G. 2002, p.113). Así, el Ojo de Horus se convirtió en símbolo de los dones entregados por los dioses, así como de la vida y resurrección conocido como udyat el que está completo.

En el cristianismo se usó el triángulo como símbolo religioso, esto data de los primeros siglos del cristianismo, donde se le observa conformado por tres peces, simboliza el bautismo y se le relaciona con el Crismón que es un anagrama formado por la superposición de las dos primeras letras del nombre de Cristo en griego. (Van Treeck, C. 2021, pp.22,23).

En los siglos VIII y IX se comienza a utilizar como símbolo de la Trinidad en la forma de un nimbo que rodeaba las cabezas de las representaciones antropomórficas de Dios, especialmente, del Padre, esto se vuelve una representación común en Grecia e Italia hacia el siglo XV. (Didron, A.2020).

Los griegos expresaron la idea de la inmanencia del ser de Dios colocando la frase "El ser" (o ων) en cada uno de los ángulos de la figura;(Didron, A.2020). La incorporación del tetragrama y del ojo dentro del triángulo fue una creación propia del arte renacentista, al que se ha dado el significado de la omnisciencia y la omnipresencia de Dios Padre relacionándolo con el pasaje del Nuevo Testamento 1 Pedro 3, 12: "Pues los ojos del Señor miran a los justos [...]."(Eyet, 1958, p.26)

En la masonería el símbolo del ojo que todo lo ve es un símbolo de uso corriente dentro del ritual masónico, donde es conocido como "Delta luminoso", por su semejanza a la letra griega delta (Δ), el cual es representación del Gran Arquitecto del Universo, (Ariza, F. 2007) el cual, en muchas ocasiones tiene inscrito en tetragrama hebreo o solamente la letra hebrea "yod (י)". (Ariza, F. 2007).

Es considerado un símbolo de la manifestación omnipresente del principio creador del universo. Mackey, A. (2014). En las logias masónicas, dependiendo del rito, este símbolo se ubica en la parte superior y central del ala oriente de la sala, entre el sol y la luna. (Ariza, F. 2007). Su ubicación en el oriente, refuerza su símbolo luminoso, solar y de alta sacralidad, ya que este punto cardinal tiene especial significación dentro del ritual masónico.

# SECCION SEXTA

La sexta se retoma el tema de los orígenes de la masonería, se explica la teoría de las dos espadas, la existencia de dos espadas, una la tiene el Pontífice esta la espiritual y la temporal en quien gobierna un territorio. Se explica como los diferentes tipos de espadas han tenido una gran importancia de la historia. Además de su uso como arma, la espada ha sido objeto de consideraciones especiales formando parte de rituales funerarios y de varias tradiciones como la masónica.

# HIPÓTESIS EN TORNO A LOS ORÍGENES DE A MASONERÍA

Se sitúa los orígenes de la masonería actual en el medioevo, la cual es una hipótesis aceptada por los historiadores; el Abad Grandidier de Estrasburgo se considera el primero en asumir esa postura, cuando investigaba para su obra: Ensayo histórico y topográfico sobre la iglesia catedral de Estrasburgo publicado por Larrault, Estrasburgo, 1782. Álvarez Lázaro, P. (1996), pp.33-46.

Grandidier encontró en los archivos de la capilla de Nuestra Señora de Estrasburgo, documentos en donde se demostraba que la sociedad de masones trabajaba de manera similar a las corporaciones de albañiles que existían en Estrasburgo tres siglos antes.

La opinión de Grandidier fue acogida por Vogel en sus Briefen über dei Freimaurerei (Nürberg, 1785, y por H. C. Albrecht, en sus Materialien zu einer Kritischen Geschichte der Freimaurerei (Hamburg, 1792). Posteriormente un grupo de investigadores alemanes de comienzos del siglo XIX descubrió nueva documentación.

Entre estos investigadores se destacan a K. CH. F. Krause, F. Mossdorf, F. Heldmann, I. A. Fessler y G. Kloss. Estos científicos demostraron con pruebas fehacientes que la sociedad de los masones tuvo una gran influencia de las antiguas corporaciones de oficios de la Edad Media, con base en estos aportes la historia de la masonería en cuanto a su estudio se ha dividido en tres periodos:

El primero corresponde a la masonería operativa, comprende los siglos XIII a XVI, este periodo coincide con la edificación de las grandes catedrales góticas cristianas en la que el centro de unión de los colectivos masónicos giraba en torno al oficio de la construcción.

El segundo, denominado de los Masones Aceptados, se sitúa entre el siglo XVII y las primeros décadas del XVIII. Se trata de un tiempo de transición en el que las sociedades masónicas comienzan a admitir miembros honorarios, llamados en inglés accepted masons (masones aceptados o adoptados), los cuales estaban dedicados a labores distintas al oficio de la construcción, en esta fase se da un trabajo articulado entre lo operativo y lo especulativo.

El tercero comienza en 1717 y llega hasta la actualidad, es el periodo de la masonería conocido como especulativo, el cual está compuesta por miembros adoptados o aceptados, en esta fase se distancia del arte de la construcción, pero, conserva la terminología propia de este gremio, dándole un significado meramente simbólico y moral. Álvarez Lázaro, P. (1996), pp.33-46.

La masonería operativa tiene sus precedentes en la edificación de conventos románicos durante los siglos XI y XII estas construcciones fueron llevadas a cabo por monjes benedictinos y cistercienses. En este periodo el Abad asumía la responsabilidad de diseñar los planos y dirigir las obras, al lado de los monjes arquitectos aparecieron los arquitectos laicos.

Se considera que fue el Abad Guillermo Von Hirschan, conde palatino de Scheuren (1000-1091), quien por primera vez llamó y reunió obreros de todos los oficios para la ampliación y terminación de las obras relativas a la abadía de Hirschan, en calidad de hermanos laicos.

Aunque los frailes soportaban el peso principal de los trabajos, para la construcción de los grandes monasterios necesitaron de la ayuda de un buen número de obreros y técnicos seglares, en algunas ocasiones se recurrió a los servicios de especialistas provenientes de zonas tan alejadas como Bizancio.

La idea del Abad Guillermo Von Hirschan fue rápidamente imitada por otras comunidades religiosas, en el siglo XIII habían aparecido varias logias independientes de las abadías y unidas entre sí, formando un cuerpo al que estaban afiliados los obreros en piedra de Alemania; el lugar donde trabajaban y vivían aquellos operarios contratados se denominaba logia.

Las logias medievales se rigieron por sus propios estatutos y reglamentos, la documentación conservada aporta, importantes informaciones sobre la instrucción graduada que recibían los masones operativos, el carácter iniciático y simbólico de su aprendizaje y las obligaciones ético-religiosas que adquirían. Álvarez Lázaro, P. (1996), pp.33-46.

Según los Estatutos de Ratisbona de 1459, los constructores formaban un cuerpo independiente de la masa de los obreros, distinguiéndose entre ellos por el uso de palabras de contraseña, signos y toques. A los cuales llamaban la consigna verbal, el saludo, la contraseña manual. Los aprendices, compañeros y maestros eran recibidos en ceremonias particulares y secretas.

El aprendiz elevado al grado de compañero prestaba juramento de no divulgar jamás de palabra por medios orales o escritos, las palabras secretas del saludo (art. 55). En este y otros textos antiguos se explica que todo masón medieval cubría un periodo de formación que abarcaba tres etapas: las de aprendiz, compañero y maestro.

El aprendiz trabajaba bajo la dirección de un maestro en un periodo comprendido entre 5 y 7 años, tras sopesar sus cualidades, la logia le proponía pasar al grado de compañero. En el caso de ser admitido se procedía a una ceremonia de iniciación, posteriormente, el nuevo compañero recorría Europa durante dos o tres años para perfeccionar su arte, pero siempre debía trabajar en obras controladas por su gremio.

No era extraño que el compañero masón, influido por su contacto con otras formas culturales, cambiase sus ideas estrechas y localistas por otras mucho más amplias y cosmopolitas. El viaje que se imponía a los canteros alemanes solía durar dos años y era condición sine qua non para estar en aptitud de alcanzar la maestría. Álvarez Lázaro, P. (1996), pp.33-46.

La masonería operativa medieval fue una institución técnico-profesional, que también tuvo un carácter iniciático. Así para ser recibido como compañero el aspirante debía someterse a unas ceremonias rituales de sumo interés. Estos aspectos se describen en obras como los misterios de los masones Bowie su única verdadera razón y origen, Leipzig, 1859, M. F. A.

Fallou las detalla de esta forma: el día señalado, el aspirante a compañero, se presentaba en el lugar de reunión del cuerpo de oficio, entraban todos los cofrades, desarmados porque este lugar estaba reservado a la paz y a la concordia, y el maestro abría la sesión. Empezaba por participar a los allí reunidos, que habían sido convocados para asistir a la recepción de un candidato, y encargaba a uno de sus miembros que fuese a prepararlo.

Este invitaba entonces al compañero a adoptar, siguiendo la antigua costumbre de los paganos, el aspecto de un mendigo: se le despojaba de sus armas y de todos los objetos metálicos que llevaba; se le denudaba el pecho y el pie derecho, y se le vendaban los ojos. Con este aspecto era conducido a la puerta del salón preparado para el objeto, que se abría después de haber llamado con tres golpes fuera.

El segundo presidente guiaba al neófito hasta el maestro, quien lo hacía arrodillar, mientras se elevaba una plegaria al Altísimo. Terminada esta parte de la ceremonia se hacía dar al candidato tres vueltas alrededor del salón y se le colocaba en la puerta, donde le enseñaban a poner los pies en escuadra y a adelantar tres pasos hasta el sitio del maestro.

Delante del maestro, sobre una mesa, se encontraba un libro de los Evangelios abierto, una escuadra y un compás, sobre los cuales, según la antigua costumbre, el candidato extendía su mano derecha para jurar fidelidad a las leyes de la cofradía, aceptar sus obligaciones y guardar el más absoluto secreto sobre lo que sabía y lo que pudiera aprender en lo sucesivo. Álvarez Lázaro, P. (1996), pp.33-46. Prestado el juramento se redescubrían los ojos, se le mostraba la triple luz, se le daba un mandil nuevo y la palabra de paso, y se le enseñaba el sitio que debía ocupar en la sala de corporación.

Estas ceremonias iniciáticas colocaban desde su ingreso al nuevo hermano en contacto con el misterio simbólico y ejercían en él un efecto catártico. En las mismas, además de las costumbres tradicionales, se transmitía a los nuevos masones las enseñanzas secretas de la arquitectura y la ciencia mística de los números. Como símbolos más cualificados se contaban el compás, la escuadra, el nivel y la regla, que dentro de las logias tenían una significación moral preciso.

En las logias medievales todos los miembros gozaban de iguales derechos, tenían las mismas obligaciones y se consideraban hermanos. La igualdad de los miembros en el interior de la corporación, el celo empleado en la enseñanza técnica y la vigilancia de los individuos en el progreso moral, fueron los sólidos fundamentos del desarrollo y de la perfección progresiva de la institución fraternal. En la edificación de una catedral, el tallista de la piedra contribuía a la glorificación del Ser Supremo, al ejercicio de la piedad y a la propagación de la doctrina cristiana. Álvarez Lázaro, P. (1996), pp.33-46.

El ingreso de los masones aceptados data del siglo XVII cuando las logias abren sus puertas a miembros honoríficos desvinculados del arte de la construcción, como consecuencia, experimentaron cambios sustanciales en su composición sociológica. Con estos nuevos cofrades o accepted masons, la masonería fue perdiendo paulatinamente su carácter profesional y adquiriendo mayor vocación intelectual y nuevos horizontes espirituales.

Entre los masones aceptados se contaron algunos miembros destacados de instituciones científicas tan prestigiosas como la Royal Society de Londres, trataron de incorporar al universo mental de las logias los ideales de tolerancia y universalismo profetizados por las utopías de Bacon, Campanella o Valentín Andrea; Comenio, Newton, Locke y Grotius, entre otros, ellos  intentaron hacer de la masonería una sociedad imbuida de un orden material, honestidad, sinceridad, y deseosa de mantener la paz social dentro de un ambiente de máxima libertad. Álvarez Lázaro, P. (1996), pp.33-46.

La masonería especulativa surge oficialmente el 24 de junio de 1717, en la fiesta de San Juan, cuando se reunieron cuatro logias de masones aceptados en Londres, acordando la creación de la Gran Logia de Londres, dirigida por un Gran Maestro.

A partir de entonces únicamente la Gran Logia tendría autoridad para crear nuevas logias, naciendo con este hecho la legitimidad masónica llamada Regularidad. La Gran Logia de Londres encargó la redacción de unas constituciones a dos pastores protestantes: James Anderson y Teófilo Desaguliers.

En 1723 apareció la primera edición de Constituciones de Anderson, estas se dividen en las cuatro partes: la primera Historia de la Masonería, o más propiamente del arte de construir; la segunda obligación de un francmasón; la tercera Reglamentos generales; y la cuarta cantos masónicos con sus músicas.

El artículo primero de la segunda parte mencionada está referido a las obligaciones del masón respecto a Dios y a la religión y dice textualmente: «Un masón está obligado, por su carácter, a obedecer la ley moral, y si comprende correctamente el Arte, no será nunca un ateo estúpido ni un libertino irreligioso.

En los tiempos antiguos los masones estaban obligados a pertenecer a la religión dominante en su país, cualquier que fuese ésta, se considera hoy más conveniente dejarles profesar la religión de su escogencia, dejando a cada uno libre en sus propias opiniones, es decir ser hombres de bien y leales, y hombres de honor y probidad, cualesquiera que sean las denominaciones y las creencias que les distingan; de esta suerte la masonería es el centro de unión y el medio de conciliar una amistad entre personas que hubieran permanecido perpetuamente distanciadas». Álvarez Lázaro, P. (1996), pp.33-46.

El hecho de que tales planteamientos correspondan a las primeras décadas del siglo XVIII aumenta su significación. A modo de síntesis pueden destacarse estos puntos:

La masonería exige la creencia en Dios, al que denominará genéricamente Gran Arquitecto del Universo, pero es ajena a cualquier profesión religiosa determinada.

La masonería proclama la libertad de conciencia, respetando las creencias religiosas individuales.

La masonería es una institución fraternal creada para ser centro de unión entre hombres.

El fundamento esencial de la masonería es la integridad ética.

Respecto a la actitud de la masonería frente al Estado, decía el artículo segundo: «El masón ha de ser pacífico súbdito de los poderes civiles, cualquiera que sea el lugar donde trabaje o resida, y no mezclarse nunca en complots o conspiraciones contra la paz y el bienestar de la nación, ni faltar a sus deberes con los magistrados inferiores». Por tanto, la institución masónica debe ser apolítica y debe respetar las ideas políticas de sus miembros en cuanto ciudadanos. Al neutralismo religioso del artículo primero se añade el neutralismo político expresado en el artículo segundo.

La explicación de esta pretensión viene expresada en el artículo VI: «No se ha de decir ni hacer nada ofensivo ni que arriesgue la conversación libre, porque estropearía nuestra armonía y desbarataría nuestros laudables propósitos. Por tanto no se promoverán disputas ni discusiones privadas en el recinto de la logia, y mucho menos contiendas sobre religión, nacionalidades o política de Estado, porque en calidad de masones no sólo somos miembros de la religión universal mencionada, sino también de todas las naciones, lenguas, y razas, y nos oponemos a toda política, porque no ha contribuido nunca ni podrá contribuir jamás al bienestar de la logia». Álvarez Lázaro, P. (1996), pp.33-46.

Como reacción a la creación de la Gran Logia de Londres otras logias proto-especulativas reaccionaron incentivando nuevas fundaciones y llegaron a instalar en 1751 una Gran Logia de Masones Antiguos y Aceptados y a publicar unas constituciones propias en 1756. No obstante, en 1813 la Gran Logia de Londres y la Gran Logia de Masones Antiguos y Aceptados se fusionaron y crearon la Gran Logia Unida de Inglaterra, de modo que la inmensa mayoría de los talleres masónicos de Gran Bretaña se mantuvieron fieles a las Constituciones de Anderson.

# LAS DOS ESPADAS INCIDENCIA EN LA MASONERÍA

El Papa Gelasio I fue el primer papa en especificar que el deseo de Dios era que el mundo estuviera gobernado por dos autoridades, cada una de ellas tendría una espada; la primera es la espiritual, representada por el jerarca de la religión católica y la segunda la terrenal, representada por el gobernante. San Bernardo afirma la existencia de dos espadas en el Pontífice esta la espiritual y la temporal en quien gobierna un territorio; una debe blandirla él papa personalmente, la otra, en cambio, por medio del Emperador o su equivalente.

Doctrina de las dos espadas o de ambas espadas (en latín utrumque gladium). es el nombre con el que se conoce la teoría de la supremacía del poder espiritual representado por el Papa sobre el temporal representado por los monarcas. También se le denomina hierocratismo por que apoya la primacía de la autoridad eclesiástica. Lombardía, P (1983). pp. 44.

También aparece explicada por San Bernardo en la obra De Consideratione, que la basa en dos pasajes de los evangelios uno posterior a la última Cena y otro durante el prendimiento de Jesús, (Biblia, 2003), aunque parece que también fue usada en la misma época durante la primera mitad del siglo XII, en el contexto histórico subsiguiente a la reforma gregoriana, por Godofredo de Vendôme y Juan de Salisbury.

Como doctrina puede remontarse a finales del siglo V, momento en que la relación entre los dos poderes aparece definida de esa forma por el papa Gelasio I en su carta al emperador de Oriente Anastasio I, indica que los perlados y toda la clerecía son puestos para guardar la fe, de los enemigos manifiestos que en ella no creen, también de los malos cristianos que la no obedecen ni la quieren creer ni guardar. Herbermann, C. (1913). pp.191.

Alfonso X el Sabio, en el Prólogo de la Segunda Partida, 1252-1284, indica en el lenguaje de la época:

… que es porque esto es cosa que se deve vedar e escarmentar crudamente, a lo que ellos no pueden fazer porque él su poderio es espiritual, que es todo lleno de piadad [piedad] e de merçed, por ende nuestro Sennor Dios puso otro poder tenporal en la tierra con que esto se cumpliese, assi como la iustiçia que quiso que se fiziese en la tierra por mano de los enperadores e de los reyes. E estas son las dos espadas porque se mantiene el mundo: la primera espiritual, e la otra tenporal. La espiritual taja los males ascondidos [escondidos] e la tenporal los manifiestos... Herbermann, C. (1913). pp.191.

San Bernardo afirma la existencia de dos espadas en el Pontífice: la espiritual y la temporal; una debe blandirla él prelado personalmente, la otra, en cambio, es por medio del Emperador. Quien lo niega, dice San Bernardo, no parece prestar suficiente atención a la palabra del Señor cuando dice: Vuelve tu espada a la vaina; la tuya, por tanto, que debes desenvainar con una seña quizá de aprobación, pero no con tu mano. De no ser así, si en modo alguno fuera de tu competencia, cuando los apóstoles le dijeron: He aquí dos espadas tampoco el señor les hubiera respondido es bastante, sino es excesivo. Hasta aquí San Bernardo.

En la carta del Papa Gelasio I al Emperador Anastasio I, indica que hay, en verdad, augustísimo emperador, dos poderes por los cuales este mundo es particularmente gobernado: la sagrada autoridad de los papas y el poder real. De ellos, el poder sacerdotal es tanto más importante cuanto que tiene que dar cuenta de los mismos reyes de los hombres ante el tribunal divino.

Pues has de saber, clementísimo hijo, que, aunque tengas el primer lugar en dignidad sobre la raza humana, empero tienes que someterte fielmente a los que tienen a su cargo las cosas divinas, y buscar en ellos los medios de tu salvación. Tú sabes que es tu deber, en lo que pertenece a la recepción y reverente administración de los sacramentos, obedecer a la autoridad eclesiástica en vez de dominarla.

Por tanto, en esas cuestiones debes depender del juicio eclesiástico en vez de tratar de doblegarlo a tu propia voluntad. Pues si en asuntos que tocan a la administración de la disciplina pública, los obispos de la iglesia, sabiendo que el imperio se te ha otorgado por la disposición divina, obedecen tus leyes para que no parezca que hay opiniones contrarias en cuestiones puramente materiales. ¿Con qué diligencia, pregunto yo, debes obedecer a los que han recibido el cargo de administrar los divinos misterios? De la misma manera que hay gran peligro para los papas cuando no dicen lo que es necesario en lo que toca al honor divino, así también existe no pequeño peligro para los que se obstinan en resistir (que Dios no lo permita) cuando tienen que obedecer y si los corazones de los fieles deben someterse generalmente a todos los sacerdotes, los cuales administran las cosas santas, de una manera recta, ¿Cuánto más asentimiento deben prestar al que preside sobre esa sede, que la misma suprema divinidad deseó que tuviera la supremacía sobre todos los sacerdotes, y que el juicio piadoso de toda la Iglesia ha honrado desde entonces? Carta del Papa Gelasio I al Emperador Anastasio I, año 494. Gallego, E. (1973). pp. 82-83.

Los Papas de Roma, debido a la lejanía del poder imperial radicado en Constantinopla desde las reformas de Constantino en el siglo IV y que incluso buscó la ubicación de Rávena en Italia, pero distanciada de Roma en determinados periodos en que se constituía el Imperio de Occidente, empezaron a perfilar la doctrina de la delimitación de dos poderes, no autónomos, sino coordinados: el espiritual para el Papa y el temporal subordinado para el Emperador. Gelasio advierte a Anastasio de que Roma (es decir, el Papa como cabeza de la Iglesia) puede juzgar a los obispos y patriarcas, sin necesidad de que ningún concilio lo autorice; y de que sus sentencias son inapelables.

Aunque reconoce que ambas potestades son las encargadas de regir al pueblo de Dios, argumenta que la carga que pesa sobre los sacerdotes es mayor en cuanto que ellos deben responder también en el juicio de Dios por las almas de los reyes.

De esta forma se pusieron los cimientos de una doctrina que, en Occidente, justificaba genéricamente la pretensión pontificia de disputar al emperador el dominio del mundo, pues ambos eran poderes universales, además de utilizarse en conflictos puntuales como la querella de las investiduras; mientras que en Oriente la mayor presencia política de la figura imperial otorgó un mayor espacio al cesaropapismo que a la teocracia, aunque tampoco exento de graves conflictos. Gallego, E. (1973). pp. 82-83.

Las espadas en la masonería son un símbolo importante, sin embargo, la teoría de las dos espadas no aplica plenamente en masonería, aunque el espíritu con que fue concebida esta teoría permea a la orden, en la masonería no hay dos espadas cuyas funciones están separadas luchando una por el poder temporal y otra el poder espiritual para mantener la armonía.

Las espadas son utilizadas en las ceremonias masónicas para instruir en torno a protocolos y principios.

En la simbología masónica la espada es el poder temporal y espiritual, es la defensa de la verdad y la justicia, la lucha contra la ignorancia, el fanatismo y la intolerancia, es un símbolo de poder y autoridad en los ritos, representa el estatus de las altas dignidades de un oriente.

En algunas tradiciones masónicas, se pueden observar dos espadas cruzadas en el Ara para representar la armonía entre intuición y razón. También, se utilizan en las ceremonias para la consagración de logias, como un símbolo de protección al nuevo taller que da apertura a sus trabajos.

La espada se ha usado como material para la instrucción, en donde el neófito es adiestrado en el conocimiento y manejo de esta.

Las espadas en la masonería han luchado contra la ignorancia y la intolerancia, han estado al servicio de la verdad y la justicia. La teoría de las dos espadas se ha esgrimido con fines geopolíticos. Las espadas en masonería han estado al servicio de la humanidad. (Guenón, R. 2014).

# SIMBOLOGIA DE LA ESPADA EN MASONERÍA

Las espadas son resultado de la evolución de las armas cortas, en algún momento de la historia se volvió su uso más frecuente que las dagas y puñales. La palabra espada proviene del latín spatha, en el pasado se utilizó para nombrar a la espada larga y recta de la caballería romana, este vocablo, a su vez proviene del griego spathe. Este mismo nombre está presente en diversas lenguas, en el español como espada, en el francés como épée y en italiano como spada.

Las primeras espadas de bronce tenían una longitud cercana a los sesenta centímetros datan del siglo XVII a. C. fueron halladas en regiones ubicadas entre los mares Negro y Egeo.

Un grupo de arqueólogos encontró en Alemania una espada de bronce con 3.000 años de antigüedad, estaba en buen estado, fue hallada en un sitio funerario de la Edad de Bronce, corresponde a la tumba de tres personas ricas. Heras, J. (2015).

Las espadas han tenido una gran importancia histórica, además, de su uso como arma, ha sido objeto de otras consideraciones, pues, ha formado parte de los rituales funerarios, está presente en los relatos mitológicos y en las tradiciones antiguas. Heras, J. (2015).

La fabricación de una espada exige un determinado grado de dominio en la metalurgia, de las técnicas de conformación en su proceso de colada y forja, unido a los tratamientos térmicos. También, hay que disponer de una aleación correcta, darle la forma adecuada, aplicar los tratamientos térmicos y de acabado necesarios. Cuanto más larga es una espada, más importantes son los esfuerzos de flexión y pandeo, tampoco se pueden olvidar los aspectos artísticos y las artes relacionadas con los complementos tales como vainas y cinturones.

En la Edad Media la espada adquirió una gran relevancia social superando las limitaciones de los fines bélicos para los que fue inventada. Poco a poco esta arma fue adquiriendo un sentido espiritual al grado de considerarse un símbolo portador de valores y cualidades asombrosas. Esta importancia la adquiere a través de la literatura épica medieval, en los cuentos de caballería medievales se relatan increíbles hazañas y hechos realizados por caballeros andantes que utilizan espadas míticas. Heras, J. (2015).

En el medioevo se habla de dos tipos de espadas las reales y las míticas, entre espadas reales están la Colada y la Tizona, que fueron utilizadas por Rodrigo Ruy Díaz De Vivar conocido como El Mío Cid. Como espada mítica está la de Excalibur que era portada por el Rey Arturo de Inglaterra, a la que se le atribuía poderes mágicos que garantizaban la victoria en la lucha, en la defensa del reino y de la fe. Eukene, L. (2015).

Otra espada mítica es la de Durendal propiedad de Roldán, que según los cantares antiguos su poder estaba: en su pomo que portaba el diente de San Pedro, en la sangre de San Basilio, en los cabellos de Monseñor San Dionisio y en un trozo del vestido de Santa María.

Los nombres de las espadas, obedecen a que los caballeros del medioevo les daban un nombre, lo mismo que a sus caballos. Incluso, en su hoja, además de la fecha de fabricación y marca de fabricante, se grababan frases como las siguientes: "no me saques sin razón, ni me envaines sin honor" "frente al enemigo, nunca contra el amigo". En otras, se grababan frases religiosas que servían de talismán. Las espadas templarias tenían la inscripción: "in nomine domini" que traduce en el nombre del señor. Salas, (1950) p. 185.

En los relatos históricos y en la literatura misma, la espada ha tenido múltiples aplicaciones. Tenemos la espada de coronación, de gran magnificencia y tenía como propósito simbolizar la coronación y autoridad del monarca. Más que armas defensivas u ofensivas, eran verdaderas obras de arte.

En ocasiones el Papa obsequiaba a los defensores de la fe, una espada con inscripciones religiosas que históricamente se conocieron como espadas papales. También los reyes y gobiernos otorgaron espadas a sus súbditos, en reconocimiento por su destreza militar y servicios prestado, lo que se llamó espada de obsequio.

De manera similar el mobiliario masónico tiene la espada flamígera que aparece en la decoración del Ara, para simbolizar el poder espiritual, esta se encuentra en el trono del venerable maestro, que es el primero entre sus iguales y máxima autoridad de la logia, el cual tiene entre sus principales deberes orientar, defender y mantener la armonía entre sus miembros.

La hoja de la espada flamígera es ondulada representa la espada encendida que daba vueltas por todos lados, para proteger el camino al árbol de la vida, ello aparece reseñado en el capítulo tres del Génesis. En el Diccionario Enciclopédico de la Masonería, se explica que los druidas llamaban belino a la espada flamígera para ellos representaba al dios Sol. GLE. (2012).

En las ceremonias de iniciación al grado de aprendiz, sobre la espada flamígera es que el recipiendario presta sus juramentos, posteriormente en la misma ceremonia, el venerable maestro golpea con el mallete la hoja de la espada, para constituir al nuevo Aprendiz Masón. GLE. (2012). En estas ceremonias el experto señala con la punta de la espada la tetilla izquierda del candidato cuando éste se encuentre delante del Altar de los Juramentos, también el choque de espadas resuena en el segundo viaje del recipiendario en las ceremonias de iniciación a la orden.

Las hojas de las espadas que portan los maestros masones en logia deben ser rectas y de doble filo, en el lenguaje masónico se le denomina acero, también hay una segunda espada ubicada en el trono del venerable maestro con su punta mirando al sur.

El uso de las espadas en logia se origina a partir de la masonería especulativa integrada por personas ajenas al oficio de la construcción. La espada es una pieza principal en la investidura masónica, es la insignia utilizada en la exaltación al sublime grado de maestro masón, está limitada a los altos grados de la orden. GLE. (2012).

Así como se forja la hoja de una espada, el masón debe templar su talante. La espada también recuerda que ella hiere menos que la lengua, por lo que el maestro masón debe reflexionar sobre sus actuaciones. La espada es símbolo de justicia y equidad.  A semejanza de la diosa Temis que se le representa con una balanza a su diestra y una espada a su siniestra, asimismo los filos de la espada masónica se relacionan con la disipación de las tinieblas, sus bordes representan la verdad y la razón, la ciencia y la virtud, el reflejo de su hoja se relaciona con la luz masónica. GLE. (2012).

Las espadas en la actualidad tienen múltiples usos que son protocolarios y funcionales en las ceremonias masónicas, entre los protocolarios está hacer la Bóveda de Acero que se realiza cuando ingresan altas dignidades al templo, entre los funcionales está lo que hace el guarda Templo que armado con espada simboliza la defensa contra quienes osen interrumpir los augustos trabajos de la logia.

# LA MUNDIALIZACIÓN, LOS CONFLICTOS INTERNACIONALES, SUS IMPACTOS PROFANOS Y MASÓNICOS

La mundialización, los conflictos internacionales, sus impactos profanos y masónicos, fueron los temas sobre los que se reflexionó en el coloquio anual de CLIPSAS, celebrado entre el 18 y 21 de mayo del año 2023 en Estambul, República de Turquía. Con base en las ponencias presentadas y los temas abordados en las mismas, me he dado a la tarea de extractar y complementar sus aspectos relevantes, los cuales he dividido en tres apartados con sus correspondientes subtemas. En los síntomas de la problemática se hace una descripción del problema, en las posibilidades de solución se proponen mecanismos para resolver la problemática y se finaliza con el rol de la masonería frente a esta crisis del presente.

Síntomas de la problemática

1. La distribución de la riqueza, los datos de la Lista Forbes muestran que el número de multimillonarios que aparecen en su 35ª lista anual los más ricos del mundo ha alcanzado una cifra de dos mil setecientos cincuenta y cinco personas (2755), seiscientos sesenta (660) más que el año pasado. Agrega que cuatrocientos noventa y tres son nuevos proceden de China y Hong Kong. Otros (250), han regresado a la lista, cada 17 horas surge un nuevo rico. Un

86% de estos es más rico que hace un año. Estados Unidos sigue siendo el país con más ricos (724), seguido de China con 698.

En contraste más de mil millones de personas viven por debajo del umbral de la pobreza es decir viven con menos de 2,15 dólares al día, según datos de organismos internacionales como el PNUD y el Banco Mundial. También, unos cuatro mil millones están en condición de pobreza y subdesarrollo viven con algo más de 2,15 dólares al día. De los 8000 millones de habitantes que tiene la tierra un alto porcentaje se encuentra en condición de pobreza.

2. Crisis geopolítica, en épocas históricas previas a la globalización, el mundo estaba concebido como una totalidad abstracta que avanzaba hacia un orden universalizador, la geopolítica mundial era estática, caracterizada por un contraste Este-Oeste, escindido por cuestiones ideológicas. Con la caída del Muro de Berlín este sistema bipolar entró en crisis, diez años después, se manifestó una nueva caracterización mundial. El contraste Este-Oeste se transformó en el contraste Norte-Sur; entre países desarrollados y en vías de desarrollo. Lo que ha generado nuevos conflictos, mayor inequidad y grandes desplazamientos de población alrededor del mundo.

3. Dislocación de los procesos productivos, esta dislocación de los procesos productivos a nivel global ha revelado aspectos devastadores. Existe una movilidad de la riqueza de unos, los globales, que tiene como reverso la inmovilidad y miseria de los otros, los locales, ambos conciben así sus realidades como escindidas. Las riquezas son globales mientras que la pobreza es local. Esto constituye el fin de la geografía debido a que las distancias pasaron a ser un guarismo relativo, cuya magnitud solo dependerá de la mayor o menor inversión necesaria para cubrirla. (Falk, 2002)

4. Acceso a los beneficios de la tecnología, la tecnología polarizó a las personas dividiéndolas entre quienes tienen acceso a ella y pueden gozar de versiones más actualizadas y los otros, los que quedaron varados en las localías. Este poder globalizado no tiene asentamiento geográfico y circula libremente. Los procesos globalizadores incluyen una segregación, separación y marginación social progresiva. El acceso a las bondades de la tecnología ha quedado en manos de los sectores más privilegiados.

5. Alienación cultural, las tendencias neotribales y fundamentalistas son hijas tan legítimas de la globalización como la tan festejada "hibridación" de la cultura superior, es decir, la cultura de la cima globalizada. En la actualidad,

los centros que se dedican a la producción de significados y valores, son extraterritoriales y están emancipados de las restricciones locales. Estos imponen una única y homogénea forma de ver la vida en contravía de las tradiciones y creencias de los pueblos.

6. Cambio en la concepción de soberanía, la deshistoricización de la cultura y el fin del Estado Nacional han precipitado las cosas, la Iglesia y la religión han subrogado toda interioridad a un plano moral convencional. La globalización ha desdibujado los contornos de las culturas locales y sobre todo de la relación natural que vincula cultura, identidad y nación.

La nacionalidad ha sido demonizada al punto de considerarla, en un extremo, como el mito que construyó el mundo moderno, el cual ha sido terreno propicio para las dictaduras, el racismo y el genocidio. Esta postura radical conlleva la aniquilación de la tradición humanística y la desvalorización de las practicas ciudadanas. (Falk, 2002)

7. La homogenización del pensamiento, la globalización se volvió un fenómeno unilateral que favorece un pensamiento único, una especie de homologación forzada de los modelos de consumo, de estilos de vida y sistemas culturales nuevos, impuestos por una elite mundial. Las elites están constituidas por unos pocos privilegiados, son globales y extraterritoriales, mientras que la mayor de la población mundial se mueve en escenarios locales. El fenómeno de la globalización afecta la transmisión de las costumbres y tradiciones, puesto que el paso de los saberes de una generación a otra es reemplazado por los saberes provenientes de la cima globalizada, crea en los locales la falsa necesidad de estar globalizados, todo ello para crear una sociedad con productos y consumidores globales. (Falk, 2002)

El pensamiento global se asume como único, progresista y migracionista, que a través de los medios de comunicación y la escuela, aprovecha diversos mecanismos de transmisión para llevar su pensamiento homogeneizante impuesto desde la cima global. Este nuevo orden mundial emite prohibiciones asentadas sobre políticas higienistas que limitan los derechos básicos del individuo; se trata de renunciar a estos derechos a cambio de ser defendidos contra peligros aterradores como pestes y plagas.

"Integración y parcelación, mundialización y territorialización son procesos recíprocamente complementarios. Más precisamente, son las dos caras de un mismo proceso: el de la redistribución mundial de la soberanía, del poder y de la libertad para actuar, pero detonada por el salto cualitativo en la tecnología de la velocidad". (Bauman,2003).

8. La cultura guerrerista han pasado 34 años desde la caída del muro de Berlín, y el mundo ha pasado repentinamente a otra fase cuando decimos globalización, democratización, liberalización y cooperación. En 1989 había15 países con fronteras caracterizadas por su difícil acceso, hoy más países están convirtiendo sus fronteras en muros. En lugar de libre desplazamiento por la zona geográfica que definimos como el prospero mundo liberal, empezamos a hablar más de seguridad. Actualmente, el proceso de seguridad está aumentando a un ritmo mucho mayor que la globalización en el mundo. Al entrar en el siglo XXI, el gasto total en defensa en el mundo fue de $ 750 mil millones, mientras que se dice que ha superado los $ 2 billones de hoy. ¡La proporción de 5 miembros permanentes en el Consejo de Seguridad de la ONU en las ventas mundiales de armas es de 80 %.

Se ha presentado una serie de guerras como:  Guerra del Golfo (1990-1991), Guerra de Yugoslavia (1991-2001), Guerra Civil de Somalia (1991-presente), Genocidio de Ruanda (1994), Guerra de Afganistán (2000), Guerra Civil de Siria (2011-presente), Guerra Ucrania-Rusia (2014-presente), Guerra árabe-israelí (2023-presente). La cultura guerrerista dio prioridad al armamentismo que ha solucionar el problema de la pobreza. (Bauman,2003).

Posibilidades de solución

1. Ser inclusivos pues para que el desarrollo económico sea sostenible desde el punto de vista social debe inclusivo. La inclusividad implica que las naciones más pobres puedan equiparar sus niveles de bienestar con los países más ricos, como está propuesto por la ONU en los 17 Objetivos de Desarrollo Sostenible (ODS) para 2030.

2. Generar confianza, el camino a recorrer es reconstruir la confianza para re-equilibrar los intereses dentro de este contexto en un marco de cooperación multilateral. Será necesario afrontar a nivel internacional las consecuencias de la disminución del poder económico y del poder sobre el control de la red global, dado que no existen instituciones de gobernanza global que afronten la cuestión. Es necesario rediseñar las instituciones multilaterales para que no apunten a la sustitución de los estados nacionales, sino que faciliten responder a las necesidades de estabilidad, prosperidad y paz que los ciudadanos requieren para desenvolverse en un mundo globalizado.

El papel de la masonería

1. Rescatar la riqueza de la diversidad, ante esta realidad mundial de polarización entre lo global y lo local, progresismo y nacionalismo, riqueza y pobreza, consideramos como masones que nuestra aspiración debe centrarse en llevar a la sociedad una tercera posición superadora, que articule una mirada apreciativa, de valoración de la riqueza de cada modelo, entendiendo que el camino de la concordia no está en la aniquilación de aquello que es diferente, sino en la diversidad que enriquece. Es un tema desafiante no solo por las actuales condiciones del mundo, sino principalmente porque nos coloca en la directa línea de nuestras responsabilidades como masonería liberal que intenta construir al ser humano y edificar de manera simultánea la sociedad. (Bauman, 2003).

2. Retomar los valores masónicos, CLIPSAS como integrante de ECOSOC debe propender por el análisis, diagnóstico y el desarrollo de propuestas transversales e integrales que se requieren para enfrentar el contexto de una mundialización depredadora. La complejidad del presente refleja la necesidad de establecer nuevos parámetros sociales, políticos, económicos, culturales, humanitarios con la finalidad de aportar soluciones ante la grave crisis del presente y a las secuelas que avecina.

Transitar ese camino del medio implica poner en práctica valores masónicos como la tolerancia, la fraternidad, la aceptación de la pluralidad, el diálogo, la búsqueda de la construcción colectiva, la duda filosófica y el pensamiento crítico. Para ello la educación y el conocimiento serán centrales, pues son los vehículos para crear ciudadanos conscientes y reflexivos que puedan cuestionar y aportar soluciones a estas complejas sociedades en las que se vive.

Rol proactivo de CLIPSAS en ECOSOC, la presencia de CLIPSAS, como miembro del Consejo Económico y Social (ECOSOC), uno de los seis órganos principales de la ONU, es un espacio importante, para reflexionar y aportar para mitigar los efectos negativos de la globalización. En este sentido se pueden proponer proyectos que estén acorde con los Objetivos de Desarrollo Sostenible de la ONU. Tener más protagonismo, la masonería debe ser una organización que tenga un rol protagónico, que lidere proyectos, ser agentes de cambio, aprovechar el capital intelectual inmerso en la variada red de Obediencias que la integran, estos factores le permitirían aportar soluciones a las problemáticas actuales y propender por el bienestar de la humanidad.

# EL GRAN ARQUITECTO EN LA TEORIA DEL UNIVERSO SIMULADO

La teoría del universo simulado comenzó en 2003 con la publicación de un artículo de bostrom titulado are you living in a computer simulation? o ¿vive usted en una simulación por computadora? nick bostrom es un filósofo sueco y profesor de oxford, es consultor del instituto de investigación de la inteligencia de las máquinas, el instituto para el futuro de la vida, el instituto de preguntas fundacionales en física y cosmología, y el centro para el estudio del riesgo existencial de cambridge. bostrom, afirma que tenemos razones empíricas interesantes para creer que una cierta afirmación disyuntiva sobre el mundo es verdad, una de estas proposiciones disyuntivas es la de que casi seguramente estamos viviendo en una simulación. (Bostrom, n. 2003)

A estas alturas del ejercicio surge la pregunta ¿cuál es la naturaleza de nuestra realidad? este interrogante fue planteado por platón (427 a. c.) y otros filósofos, lo cual dio origen al idealismo, los antiguos pensadores idealistas, como platón, consideraban la mente y el espíritu como la realidad permanente, creían que la materia era sólo una manifestación o ilusión, en contraste para los masones estamos en la mente del gran arquitecto y este siempre está trabajando. lo cual podría ser en el manejo de un gran computador conforme a la teoría.

En cuanto a las bases teóricas de esta propuesta, ha existido una historia científica y filosófica extensa sobre la tesis de que la realidad es una ilusión, esta hipótesis escéptica en el pensamiento occidental proviene de parménides, zenón de elea y platón, también, aparece en el pensamiento oriental en el concepto de maya en el advaita vedanta. en la prefigura el dualismo mente-cuerpo de descartes, está relacionada estrechamente con el fenomenalismo, una instancia adoptada brevemente por Bertrand Russell.

En un sentido más estricto se ha convertido en un tema importante en la ciencia ficción y recientemente se ha vuelto un tema para la futurología, en particular para el transhumanismo a través del trabajo de Nick Bostrom, la hipótesis de simulación es una materia de debate académico serio dentro del campo del transhumanismo, en la actualidad existen muchos campos y disciplinas que están trabajando la teoría del universo simulado. Como la Inteligencia artificial, videojuegos, informática, matemáticas, energía, ciencia ficción, física, en los experimentos e inclusive el cine con películas como Matrix. (Bostrom, N. pp. 243-255, 2003).

Actualmente el idealismo se ha renovado convirtiéndose en una nueva filosofía, basada en la idea de que tanto el mundo material como la conciencia son parte de una realidad simulada, esto es simplemente una extensión moderna del idealismo, impulsada por los recientes avances tecnológicos en informática y tecnologías digitales. En ambos casos, la verdadera naturaleza de la realidad que trasciende lo físico, que para la masonería sería el Gran Arquitecto y todo lo que existe, de manera similar lo decía Tomas de Aquino en las 5 vías para demostrar la existencia de Dios, que este se refleja en la naturaleza.

Dentro de la comunidad científica, el concepto de un universo simulado ha despertado fascinación y escepticismo, algunos científicos sugieren que, si nuestra realidad es una simulación, puede haber fallas o patrones dentro del tejido del universo que traicionen su naturaleza simulada.

Sin embargo, la búsqueda de tales anomalías sigue siendo un desafío, nuestra comprensión de las leyes de la física no ha avanzado lo suficiente para entender ese proceso. En última instancia, carecemos de un marco definitivo para distinguir entre realidad simulada y no simulada, para la masonería el Gran Arquitecto es una alegoría que designa al principio creador, este principio nos lleva de las tinieblas a la luz, de la ignorancia al conocimiento. Lo que permitiría vía razonamiento al Veritas, es decir, ver la realidad tal cual es.

Podríamos estar ante una nueva ley de la física, la cual muestra que nuestra realidad física sería una construcción simulada, en lugar de un mundo objetivo que existe independientemente del observador. Entonces ¿Cómo se podría probar científicamente? Bostrom considera que se podría demostrar apoyado en la teoría de la información.

La teoría de la información es el estudio matemático de la cuantificación, almacenamiento y comunicación de información fue desarrollada originalmente por el matemático Claude Shannon, se ha vuelto cada vez más popular en física y se utiliza en una gama cada vez mayor de áreas de investigación. El uso de la teoría de la información permite proponer una nueva ley de la física, que se ha denominado la segunda ley de la infodinámica, y lo que es más importante, es que parece respaldar la teoría del universo simulado. (Bostrom, N. pp. 243-255, 2003)

En el corazón de la segunda ley de la infodinámica, se encuentra el concepto de entropía, una medida del desorden que siempre aumenta con el tiempo en un sistema aislado, por ejemplo cuando se deja una taza de café caliente sobre la mesa, al cabo de un tiempo alcanzará el equilibrio, teniendo la misma temperatura que el medio ambiente.

La entropía del sistema es máxima en este punto y su energía es mínima, la segunda ley de la infodinámica establece que la entropía de la información es la cantidad promedio de información transmitida por un evento, la cual debe permanecer constante o disminuir con el tiempo, hasta un valor mínimo en el equilibrio. (Bostrom, N. pp. 243-255, 2003)

En ese sentido el permanecer constante y regulado, es lo que haría posible el trabajo del Gran Arquitecto. Es lo que garantizaría la existencia de un universo simulado, soportada en la segunda ley de la infodinámica, siendo la Entropía el mecanismo que la regularía.

# CONCLUSIÓN

En la obra relacionada con los trabajos sobre temas masónicos, se ha mostrado a través de sus escritos de manera sincrética aspectos relacionados con las creencias, simbología y significado, que para la masonería tienen diversos temas relacionados con las enseñanzas que se derivan de estos.
También se abordan los sentimientos, deberes y cuestiones morales que atraviesan la masonería, pues estos han propiciado el desarrollo de un sentido de pertenencia y mística que han permitido a la orden, seguir existiendo en el presente.

Las reflexiones sobre la pedagogía masónica, frente a las nuevas realidades derivadas del periodo posterior a la pandemia COVID 19, intentan mostrar cómo enfrentar las nuevas realidades y seguir siendo eficaz en la formación de los futuros miembros de la orden.

Las enseñanzas masónicas están presentes en relatos como los Picapiedra y el cuento masónico, en donde se muestra la vida cotidiana de los masones en el mundo profano y sus prácticas fraternales para ser mejores personas, es decir hombres libres y de buenas costumbres. También, se analiza el amor desde una perspectiva masónica, que apunta más a la relación fraternal entre hermanos.
Se hizo un análisis de los deberes de un masón, que tiene obligaciones consigo mismo y con los demás, en esta obra se muestra lo valioso que es la palabra del masón, pues, practica lo que se predica, los masones se guían por el ideal aristotélico de que el hombre se hace bueno realizando actos buenos, lo cual se resume en la filantropía masónica.

En este escrito se intenta mostrar que en la masonería existe un hilo conductor que articula en un todo complejo la simbología, los usos, signos y toques, con el ara, la vestimenta, el mandil, la escala de grados y el decorado del templo entre otros aspectos, lo cual genera el egregor masónico que se lleva a la realidad en las diversas ceremonias y ritos propios de la orden, esperamos que hayan disfrutado de su agradable lectura.

# REFERENCIAS


Ayala, G. El primero entre los iguales. https://es.scribd.com/document/413989566/El-primero-entre-los-iguales. Consultado el 10 de noviembre 2023.

Álvarez Lázaro, P. (1996). Evolución y Naturaleza de la masonería contemporánea". Madrid: Universidad Pontificia Comillas

Ariza, F. (2007). El simbolismo masónico. Zaragoza: Editorial Libros del Innombrable.

Bauman, Z. (2003). La globalización, consecuencias humanas. Buenos Aires: Fondo de Cultura Económica.

Betancourt, C, (2021). Caesar Augustus, Primus Inter Pares. Al Poniente. Consultado el 10 de noviembre de 2023.

Bostrom, N. (2003). Are You Living in a Computer Simulation? Published in Philosophical Quarterly. Vol. 53, No. 211, pp. 243-255

Cirlot, J. (2006). Diccionario de símbolos (10 edición). Madrid: Siruela.

De Saint Exupery, A. (2001). El principito. Paris: Boxed Edition

Diccionario de la Real Academia Española. (2023). Madrid: RAE.

Diccionario Larousse Ilustrado. (2020). México: Ediciones Larousse.

Didron, A. (2020). Christian iconography. London: Published by Alpha Edition.

Enciclopedia británica, (2023). London: Encyclopaedia Britannica Inc.

Erman, A. (1907). A Handbook of Egyptian Religion (en inglés). A. S. Griffith (trad.). Londres: Archibald Constable. Consultado el 4 de septiembre de 2023.

Eukene, L. (2015) Poema de mío Cid. introducción, notas y actividades. Barcelona: Penguin Clásicos.

Falk, R. (2002). La globalización depredadora. Buenos Aires: Siglo XXI.

Fernández, M. (2015). Formación y desarrollo de profesionales de la educación. Un enfoque profundo. Blue Mounds, Wisconsin: Deep University Press.

Ferrer Benimeli, J (1975). «Masonería española: mito o realidad». Zaragoza: Tiempo de historia.

Fernández, I. (2005). Algunas reflexiones en torno a la primacía del presidente en el gabinete ministerial. Teoría y realidad constitucional (16): 281-282. Consultado el 10 de noviembre de 2023

Finkelstein, I; Silberman, N. (2002). The Bible Unearthed: Archaeology's New Vision of Ancient Israel and the Origin of Sacred Texts. Simon and Schuster.

Gallego, E. (1973). Las relaciones entre la Iglesia y el Estado en la Edad Media, Madrid: Ediciones de la Revista de Occidente, Biblioteca de Política y Sociología, pp. 82-83.

Gómez Bautista, A. (2008). La masonería en la modernidad. Salamanca, España: Centro Europeo de Investigaciones y Ciencias Aplicadas.

González, I. (2013): Manifestaciones homoeróticas masculinas a través de la mitología griega, Madrid: Universidad Complutense de Madrid.

GottLieb, J. (1997). Filosofía de la Masonería-Cartas a Constant. Madrid: Ediciones Istmosa.

GLE. (2012). La masonería abre sus puertas. Madrid: Editorial Atanor Ediciones.

Guenón, R. (2014). Símbolos fundamentales de la ciencia sagrada. Consultado el 27 de marzo de 2024.

Heras, J. (2015). La espada. Fuerza y poder: Historia, leyenda y símbolo. Madrid: Editorial Edaf

Herbermann, C. (1913). Albert (Pigghe) Pighius. Catholic Encyclopedia. Edición a cargo de Carlos Baciero.

Herrera, M. Á. (2006) Consideraciones para el diseño didáctico de ambientes virtuales de aprendizaje: Una propuesta basada en las funciones cognitivas del aprendizaje. Revista Iberoamericana de Educación 3851-19. Recuperado de http://www.rieoei.org/ deloslectores/1326Herrera.pdf

Jaramillo, L. (2007). Concepciones de infancia. Revista Zona próxima No.8. pp.108-123. Barranquilla: Ediciones Uninorte.

La Biblia. (2003). México: Editorial Herder.

Lombardía, P (1983). Síntesis histórica - Doctrina sobre las relaciones entre poder temporal y poder espiritual. Pamplona: Derecho eclesiástico del Estado español. Segunda edición.

Lundquist, John M. (2008). The Temple of Jerusalem: Past, Present, and Future. Greenwood Publishing Group.

Mackey, A. (2014). «All-seeing eye». An Encyclopedia Of Freemasonry. Tomo 1. p. 57.

Moreno, M (1989). La represión de la masonería por Fernando VII. La Masonería Española (1728-1939). Exposición, Alicante-Valencia: 123-130.

Nieto Martínez, C. (2007). La Masonería Ritos y símbolos. Claves para entender los secretos de la logia masónica

Nin, A. (1986). Volumen uno 1931-1934, editado y con una introducción de Gunther Stuhlmann, impreso por HBJ.

OECD. (2020). Education at a Glance, 2020.OECDE Indicators. Paris: Publisshin.

Orozco, G. (1994). Televisión y producción de significados. Guadalajara: Universidad de Guadalajara.

Otaola, J. (2013). Manual del Aprendiz. Madrid: Editorial Atanor Ediciones.

Palmer H., M. (2009). Melquisedec y el Misterio del Fuego. Buenos Aires: Editorial Kier.

Perramon, E. (1986). Los propósitos doctrinarios de la Logia Lautaro N° 197. Buenos Aires: Editorial Lautaro.

Primus inter pares. www.enciclopedia-juridica.com. Consultado el 10 de noviembre de 2023

Randouyer, F. (1989). Beneficencia masónica: teoría y práctica. Masonería, política y sociedad. Paris: Sorbona.

Richard A. G. (2002). Gods of Our Fathers: The Memory of Egypt in Judaism and Christianity. Westport, CT: Greenwood Press. p. 113. Consultado el 4 de septiembre de 2023.

Rodríguez, M. (2000). De la schola al palatium: las mutaciones del discurso sapiencial en los reinos de León y Castilla (siglos XI-XIII). Cahiers d'études romanes. (4): 7-43. ISSN 0180-684X. doi:10.4000/etudesromanes.3213. Consultado el 10 de noviembre de 2023.

Romo, V. (2012). Espacios educativos desafiantes en educación Infantil. En V. Peralta y L. Hernández (Coords.), Antología de experiencias de la educación inicial iberoamericana (pp. 141-145). OEI y UNICEF. Recuperado de http://www.oei.es/metas2021/infancia2.pdf

Salas, A. (1950) "Las Armas de la Conquista", Buenos Aires: Emecé Editores, S. A.

Simson, N. (2003). Egypt, Trunk of the Tree: A Modern Survey of an Ancient Land (en inglés). Nueva York: Algora.

Vallejo, J (2019). Una Masonería desconocida: monarcas en las logias europeas de la Ilustración y el Liberalismo». España: Anuario de historia del derecho español.

Van Treeck, C. (2021). Symbols in the church. Hassell Street Press

Zeldis, L. (2024). Apertura de los Trabajos. Brasil: En revista de masonería. Masonic Papers.

# ACERCA DEL AUTOR

Ricardo Enrique Sandoval Barros, es Doctor en Ciencias de la Educación, experiencia de 34 años en la docencia universitaria a nivel nacional. Interés por la actualización académica, la investigación y la producción escrita con fines de publicación. Ponente y conferencista de temas relacionados con la Masonería, Filosofía, Educación. Ha sido Gran Maestro de la Gran Logia Simbólica de Colombia, miembro de la Carib Lodge y la logia templarios de Oriente adscritas en su momento a la Gran Logia Nacional de Colombia, miembro de la logia templarios de Oriente adscrita en su momento a la Federación Colombiana de Logias Masónicas, miembro de la logia templarios de Oriente adscrita en su momento a la Gran Logia del Norte de Colombia, en la actualidad es miembro de la logia Templarios de Oriente adscrita a la Gran Logia Omega de Nueva York.

www.ingramcontent.com/pod-product-compliance
Lightning Source LLC
Chambersburg PA
CBHW031312250726
48656CB00005B/1767